決定版！ 朝、頑張らなくてもおいしい！

ラクうま弁当
バリエーション350

平岡淳子　著

ナツメ社

忙しい朝だから

時間も手間も最小限！
レパートリーは無限大！

　前回の「ラクうま弁当」を作らせていただいてから約7年が経ちました。その間、私も家族にお弁当を作る生活を送りながら、ますますお弁当が大好きになり、お弁当作りは日々の暮らしに欠かせないものになりました。

　今回、とてもありがたいことにもう一度「ラクうま弁当」を作ってみませんか？　とお話をいただき、改めて「手軽でおいしいお弁当」について考えました。7年前とは思うことも少し変わり、その変わった部分も含めて「今の私が思う、手軽でおいしいお弁当」をご紹介させていただけたらと思います。

　まず、お弁当って格好つけなくてもいいと思うんです。自分のためのお弁当なら、自分の好きなもの、食べたいものを自分の好きなように詰めればいい。私が自分のために作るなら、ごはんに卵焼き、焼き鮭、浅漬けがあればいい。卵が大好きだから入れるけれど、きれいに巻けなくてもいい。ふんわり焼けばそれでいい。あとは、次の日にお弁当を作ることが決まっていたら、夕飯はお弁当用に少し多めに作ったりするだけで朝の気持ちが全く違います。

　誰かのために作るお弁当も、一番に考えるのはその人が好きなもの。あとは健康を気にしていたら体によいもの、ダイエットしていたらヘルシーなものを入れるようにして、その人のためを思って作ります。そこが私のお弁当作りで一番大切にしていることです。

　お弁当のおかずは10種類くらいのレパートリーがあれば大丈夫。あとは中に入れる具を変えたりするだけで、バリエーションは増えますし（笑）それで十分かなと。食べてくれる人の幸せを願いながら、とにかく気負わずに！楽しく作ることができたらいいですね。

2021年春
心からの感謝の気持ちをこめて。

平岡淳子

CONTENTS

PART 1

お弁当の定番おかず＆バリエーション

PART 3
サブおかずの
バリエーション

この本の特長と使い方

- この本で紹介しているおかずは、お弁当用＋日々のおかずに役立ててもらえるように、多めの分量で設定しています。そのレシピによって分量は違いますが、どれも調理しやすい分量として設定しています。
- 計量単位は大さじ1＝15㎖、小さじ1＝5㎖、1カップ＝200㎖、米1合＝180㎖です。
- 「少々」は小さじ⅙未満、「適量」はちょうどよい量を入れること、「適宜」は好みで必要があれば入れることを示します。
- 好みの植物油は、サラダ油、菜種油、紅花油、コーン油、米油、太白ごま油などクセのないものを使ってください。
- ツナ缶は水煮またはオイル漬け、お好みのものを使用してください。
- 野菜類は特に記載のない場合、皮をむくなどの下処理を済ませてからの手順を説明しています。
- 電子レンジは600Wを基本としています。500Wの場合は加熱時間を1.2倍にしてください。機種によって加熱時間に差があることがあるので、様子を見ながら加減してください。
- 作りおきもOK!のマークがついている保存期間は冷蔵3〜6日が目安です。また、その他の保存期間も目安の期間です。季節や保存状態によって、保存期間に差がでるので、できるだけ早く食べ切りましょう。

PART 1　お弁当の定番おかず＆バリエーション

この章では、子どもから大人まで、みんなが大好きな定番おかずとそのバリエーションを豊富に紹介しています。
定番おかずの作り方もわかりやすいプロセスで紹介。

point・memo

それぞれのレシピの調理のコツや、夜仕込んでおくとラクチンになるポイント、食材のバリエーションなどを紹介しています。

これで1回分!

お弁当に詰める目安の量を写真でわかりやすくご紹介。

朝10分で作れるおかず、夜仕込んでおけるおかず、作りおきしておくと便利なおかずにはマークをつけています。冷蔵保存できるものには目安の保存期間も。

PART 2〜4　メインおかず、サブおかず、ごはん、麺のバリエーション

一つのテーマから、たくさんのバリエおかず、ごはん、麺を紹介。
眺めるだけでワクワクするようなおかずばかり。
お弁当生活が楽しくなること間違いなし!

お弁当例

家族、がっつり、健康ダイエット、季節のテーマから、
おいしそうなお弁当例をたくさん紹介!

とにかく楽しいテーマでお弁当のおかずバリエーションが広がる!

段取りがわかるtime tableつき!

お弁当作りはもっと気ラクに、楽しくなる!!

お弁当作りが毎日続くと思うだけで、なぜか、ゲンナリしてしまうことも多いもの…。
作りおきおかずは便利ですが、もっと気ラクに作れる方法があったらいいと思いませんか?

難しく考えなくてOK!
おかずのバリエーションを広げて
自由な発想でお弁当を作りましょう

お弁当作りは、栄養や彩り、味のバランスをととのえ、マンネリのないように…と考えてしまうと、面倒に感じてしまうものです。でも、実は「お弁当作りって、何も難しくない!」のです。シンプルに考えれば「いつものおかずをお弁当箱に詰めればいい」だけ! とはいえ、マンネリは嫌ですよね。そこで提案したいのが、いつものおかずの食材や味つけ、調理法を変えしながら、バリエーションを広げること。ぜひ、今日から始めましょう!

お弁当おかずの考え方

平岡先生の普段のお弁当生活の中から、一番ラク！と思えるお弁当作りの考え方を教えていただきました。ポイントは難しく考えないこと。もっとラクに、自由な考えでいいのです！

基本の
から揚げから…

どうしても、お弁当がマンネリになりがち…

ねぎだれを
かけて！

タルタルソースを
かけて！

甘辛味に！

食材や味、調味料を変えてバリエを広げるのがラク！

お弁当のマンネリに悩んでいるとしたら、バリエーションを増やしましょう。作り方は同じでも、食材や味、調味料を変えるだけで、新鮮なおかずに早変わり！　例えば、から揚げなら、ねぎダレやタルタルソースをかける、甘辛いタレを絡めるだけで、3つのバリエーション！こんな風に考えれば、おかずは無限に広がります。

いちいち少量のおかずを作るのが面倒くさい…

どうせ作るなら作りやすい分量で作ってしまうのがラク！

作りやすい分量を作って…

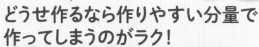

お弁当の
おかずに！

残りは、
朝、夕のおかずに！

毎朝、少量のおかずを何品も作るのは大変。作りおきは便利ですが、もっとラクに考えるなら、作りやすい単位でまとめて作るのがおすすめ。鍋もフライパンも20cmぐらいのものを使って作れるおかずを多く紹介しています。翌日のお弁当に入れるおかずを夕飯で作ったり、朝お弁当用に作った残りを夕飯のおかずにしてもいいですね。

お弁当用も夕飯用も、どうせ作るなら、作りやすい分量がラク！

ラクしておいしい
お弁当作りのコツ4

2つの大きな考え方をベースに
もっとラクするお弁当作りの
コツを紹介します。
朝はパパッとできるもの、前日に
ある程度仕込めそうなものは
仕込んでおくことがポイントです。

コツ1 とにかく簡単が一番!

お弁当を作るために、早起きしなくてもOK! 朝はラクし
ていいんです。基本は、前日にある程度仕込んでおいて、
朝仕上げるのがベスト。それ以外は、パパッとできるものを
作って詰めるだけでOKです!

コツ2 時間はかけない!

忙しい朝だからこそ、すぐできるおかずが重宝しますね。こ
の本では、朝10分でできるおかずも豊富に紹介していま
す。和えるだけ、レンチン、さっと炒めるだけのおかずのレパ
ートリーを増やしましょう。

コツ3 夜ごはんのおかずを 利用!

お弁当のおかずは、わざわざ作らなくても、前日の夜ごはん
の残りを利用するのもおすすめです。そのまま詰めてもい
いですし、ちょっとアレンジをしてもいいですね。それだけで
1品完成するのがうれしい!

コツ4 手間がかかるおかずは 作りおき

簡単なおかずが一番ですが、手間のかかっているおかず
が入っていると、やっぱりうれしいもの。こういうときこそ、
作りおきがおすすめ。時間のあるときにまとめて作っておけ
ば、短い時間で充実した内容に。

忙しい朝をもっとラクに！

朝の負担を減らす仕込み テク4

朝起きてからのお弁当作りの負担を減らすためにおすすめのテクニックをご紹介します。大変なお弁当作りもこれらを実践するだけで、驚くほどラクになるはずです。

テク1　野菜はまとめてゆでる＆冷凍保存しておく

ブロッコリーなど、和え物やサラダに使う野菜は、まとめてゆでておきましょう。サブおかずも時間をかけずに作れます。また、すき間埋めにも使え、電子レンジで加熱せずに、そのまま詰められるので、冷蔵庫にあると便利です。また、時間のあるときは、野菜を切ったりゆでたりして、冷凍しておくのも便利。彩りにあるとうれしいパプリカやにんじん、小松菜のほか、料理にパッとアレンジしやすい揚げなすやミックスきのこ、マッシュポテトなどを冷凍しておくだけで、朝の負担はグンと減ります。

ブロッコリーなどの野菜は、まとめてゆでておきましょう！

保存容器にペーパータオルを敷き、ゆでブロッコリーを入れて冷蔵保存。ペーパータオルは2日に1回、新しい物に変えて。

冷凍しておくのもおすすめ！

 細切りパプリカ
 揚げなす
 ミックスきのこ
 せん切りにんじん
 ゆで小松菜
 マッシュポテト

テク2　肉・魚は下味冷凍がラク

肉や魚を買ってきたら、その日のうちに、下味をつけて冷凍しておきましょう。前日に冷蔵庫に移して解凍しておけば、あとは焼いたり揚げたりするだけで一品完成！

下味冷凍の肉・魚を前日に解凍して…
朝は揚げるだけ！

テク3　前日に加熱の手前まで仕込んでおく

肉巻きなどの少し手間のかかるおかずは、前日に加熱する手前まで仕込んでおくと、朝は焼くだけ、揚げるだけだから、本当にラク。前日仕込みがポイントです。

野菜を肉で巻くところまで仕込んでおけば…
朝は焼いたり、衣をつけて揚げるだけ！

テク4　ミニフライパンと卵焼き器のみで作る！

朝使う調理器具は、小さめのフライパン（直径18cm）と卵焼き器の2つのみ！と決めると洗い物も少なくてラク。焼く、ゆでる、揚げる調理など、なんでもできます。

お弁当作りが断然ラクになる！
段取りテクニック

考え方やコツを理解したら、
お弁当作りに挑戦してみましょう。
ポイントは段取りよく、
調理を進めるコツをつかむこと。
前日余裕があるときと、ないときの
お弁当別にチェックしてみましょう。

前日余裕があるとき ⇒ 例えば… 中高生のお弁当 (P25)

朝作る

1 ブロッコリーをゆでる

最初にブロッコリーをゆでます。ゆでブロッコリーがあればそれを活用。

2 鶏肉を焼く

ブロッコリーをゆでると同時に鶏肉を焼いていきます。タレを加えて仕上げて。

3 斜め切りウインナーを焼く

ウインナーに斜めの切り目を入れたらすぐフライパンで焼きましょう。

4 ピーマンとベーコンを炒める

ピーマンとベーコンは早めに切っておき、ウインナーの後に炒めます。

前日

1 肉巻きフライ→前日作る

前日の夕飯で少し多めに作り、残った分をお弁当に詰めるだけでOK。

2 すき間うめパスタ→作りおき

すき間うめのパスタは、作りおきにしておくとすぐ詰められて便利です。

3 タルタルソース→作りおき

タルタルソースも前日に作りおきしておくと、仕上げにかけるだけ。

4 にんじんピラフ→作りおき

冷凍保存しておいたにんじんピラフを、朝レンチンして詰めましょう。

作りおきも OK!

夜仕込むとラク

朝から 10分

段取り テク 夜のおかず＋作りおき＋前日仕込みが できれば、当日の朝はあっという間!

朝、ラクしたければ、前日仕込みと作りおき がポイントに。前日余裕があれば、ある程度 仕込んでおくと朝が断然ラクになります。ま た、何品か作りおきおかずを作っておいて、 余った夜のおかずがあれば、それも立派な お弁当おかずに!

当日の朝は、調理時間が3〜5分前後でで きるおかずのみ作る!と決めてしまえば、15 分あればラクに作ることも可能です。前日 に余裕がないときは、パパッと作れる炒め物 とすき間埋めを詰めた丼弁当なら、15分で 作れて大満足です。

前日余裕がないとき ⟹ 例えば･･･ **ガパオ弁当**（P100）

朝作る

1 ガパオ炒めを 作る

まずは材料を切って、炒め て仕上げます。10分未満 で作れるものを。

2 目玉焼きを 焼く

目玉焼きは、ガパオができ る少し前から、別のフライ パンで焼いて。

3 ゆでえびを のせる

彩りとすき間埋めにゆでえ びがあると便利。重要なタ ンパク源にも。

4 パクチーを 添える

最後の彩りに緑の香菜を。 ざく切りでも、手でちぎって 添えてもOK。

memo

忙しくて時間のない日は メインおかずを ごはんにのせる のっけ丼が一番!!

時間がないときは、ガパオ 炒めのような彩りがよく、 ボリュームのある炒め物 を一品作り、ごはんにのせ るだけの、のっけ丼スタイ ルがおすすめ。あとは生野 菜やすき間うめ食材を添 えるだけ!

変化をつけられる 小ワザ5

忙しくて前日に余裕がなかったり、いろいろなおかずを作る時間がないときは、飾り切りやすき間うめなどを利用しましょう。簡単だけどお弁当に変化のつく小ワザをご紹介します。

小ワザ1 お弁当作りが楽しくなる
卵焼き&ウインナーの飾り切り

卵焼きはハート型やお花型、ウインナーはかにさんやたこさんなど、お弁当をかわいく!

卵焼きの飾り切り

コロコロ
卵焼きをサイコロ状に切ります。お弁当のすき間に詰めやすく、ピックで刺して詰めても食べやすい。

ハート
卵焼きを一口大に切り、切り口を上にして斜めに切って。片方をひっくり返してくっつけるとハート型に。

うずらの卵の目玉焼き
あらかじめ小皿に割り入れ、弱火で1分ほど焼きます。お弁当にうれしいサイズ!

巻きすで巻く
卵焼きを焼いたら、熱いうちに巻きすで巻いて丸い形に整えて。端から好みの厚さに切ればOK!

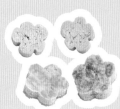

お花
ラップを大きめに広げ、右側に丸く筒状に焼いた卵焼きをのせ、1cmおきくらいに5本の竹串をのせ、くるくる巻いて包む。輪ゴムで固定し、冷めるまでおいたら、ラップを外して切る。

くるくる巻いて　　輪ゴムでとめてきる

ウインナーの飾り切り

斜め切り
表面に斜めに切り込みを入れ、さっと焼いて。見た目はもちろん、食べやすさも◎。

かにさん
縦半分に切り、両端にそれぞれ3か所、目になる部分にも切り込みを入れて。

格子
表面に格子状の切り込みを入れて、切り込みが開くまでさっと焼いて。

たこさん親子
片側を対角線に3本切り込みを入れて焼きます。ミニサイズは半分に切ってから。

お花
横半分に切り、切った面に対角線に3本切り込みを入れ、さっと焼くとお花に。

ケチャップウインナー
お花ウインナーを炒めたら、ケチャップで味つけするだけで、お弁当のおかずに。

一気にお弁当がおしゃれに!

映える!紫おかず

お弁当に紫色のおかずがあるだけで、
洗練されたおしゃれなお弁当に変身!
散らしたり、添えるだけでもOKです。

キドニービーンズ

小豆色の豆といえば、キドニービーンズ。
水煮缶ならオリーブオイルと塩でさっと和
えるだけで、お弁当のおかずに。

紫玉ねぎ

紫色の野菜といえば、紫玉ねぎ。サラダは
もちろん、肉のおかずの上に、みじん切り
にしてパラパラかけでも◎。

もって菊

食用菊のもって菊は、さっとゆでて、甘酢
和えにしたり、そのままサラダやおかずの
上に散らしてもいい。

紫キャベツと
クランベリーのサラダ

材料と作り方(作りやすい分量)

紫キャベツ⅛個はせん切りにし、ボウ
ルに入れて塩3つまみをふり、揉み込む。
しんなりしたら、ペーパータオルで水け
を拭き取る。ドライクランベリー大さじ
2、酢大さじ1、はちみつ小さじ2、オリー
ブオイル大さじ1を加えて混ぜ、粗びき
黒こしょう少々をふる。

かぶのゆかり和え

材料と作り方(作りやすい分量)

かぶ1個は2mm幅のいちょう切りにし、
ボウルに入れて塩2つまみをふり、揉み
込む。しんなりしたら、ペーパータオル
で水けを拭き取り、ゆかり小さじ1を加
えて和える。

*使わないかぶの葉は、ゆでてみそ汁に
入れたり、和え物に加えて使っても。

ラディッシュのレモン漬け

材料と作り方(作りやすい分量)

ラディッシュ1袋は茎を少し残して葉を
切り落とし、ボウルに入れて塩2つまみ
をふり、揉み込む。しんなりしたら、ペー
パータオルで水けを拭き取る。レモン(ス
ライス)3枚をいちょう切りにして加え、
塩2つまみ、砂糖小さじ1も加えて混ぜる。

大根のザクロ酢漬け

材料と作り方(作りやすい分量)

大根適量を薄い半月切りや型抜きし、ザ
クロ酢50mℓに漬ける。塩もみした赤じ
そ6枚も一緒に漬けると、よりきれいな
色になる。

ビーツ

生のビーツをゆでて、保存しておいても
いいし、缶詰のビーツを利用しても。その
ままでも、オイルなどで和えても。

マッシュ紫いも

材料と作り方(作りやすい分量)

紫いも(または紫さつまいも)1本は皮
をむいて一口大に切り、柔らかくなるま
で電子レンジで加熱、または蒸す。熱い
うちにつぶし、バター20g、塩小さじ¼
を加えて混ぜ、冷凍用保存袋に入れて冷
凍保存する。使う分だけ解凍し、丸める。
冷凍で2週間保存OK。

ものたりないときに、あるとうれしい
すき間埋めおかず

お弁当を詰めると、どうしてもできてしまう「すき間」。そのすき間に詰めやすい彩り&栄養アップの簡単おかずをご紹介。

ゆで野菜

ゆでとうもろこし

ゆでブロッコリー

ゆでヤングコーン

ゆでそら豆

ゆでさやいんげん

すき間埋めおかずといえば、最初に思いつくのが「ゆで野菜」。定番はゆでブロッコリーですが、ゆでとうもろこしやゆでいんげん、ゆでそら豆、ゆでヤングコーンなど種類も豊富。ゆでにんじんも彩りがよくて◎。まとめてゆでておきましょう。

焼き野菜

ゆで野菜だけでなく、焼いた野菜もおいしいです。れんこん、かぼちゃ、ごぼう、にんじんなどの根菜や、油と相性のよいズッキーニ、なす、しし唐辛子などもおすすめ。ブロッコリーもゆでずにそのまま焼くと違ったおいしさを味わえます。

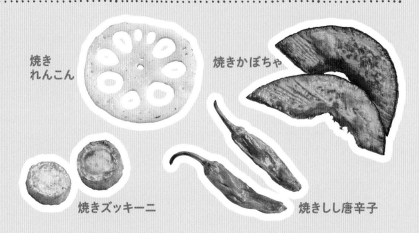

焼きれんこん

焼きかぼちゃ

焼きズッキーニ

焼きしし唐辛子

素揚げ野菜

素揚げパプリカ

素揚げコロコロさつまいも

素揚げ野菜は、彩りが鮮やかになるうえ、甘味や旨味を存分に引き出します。赤と黄色のパプリカを1cm角に切って素揚げしたり、さつまいもを皮つきで素揚げするとホクホクとした食感と甘味に。あっさりとしたお弁当のすき間埋めにも◎。

他にも色々 ･･･

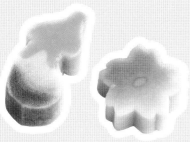

生麩の薄煮
材料と作り方(作りやすい分量)
小鍋に和風だし汁250㎖、みりん大さじ2、砂糖・薄口しょ
う油各小さじ2、塩2つまみを入れて火にかける。沸騰したら、
8mm幅に切った好みの生麩(なす、桜、もみじ、梅など)1本分
を加え、弱火で2分ほど加熱し、火を止め、そのまま冷ます。

素揚げのような簡単天ぷら
材料と作り方(作りやすい分量)
薄力粉大さじ3、水大さじ2 ½、塩2つまみを混ぜ、食べやす
く切った好みの野菜適量(写真はかぼちゃ、さやいんげん、
にんじん)を絡め、180℃に熱した揚げ油適量で揚げる。

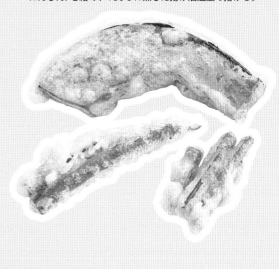

簡単に作れる
おかずや市販品を
取り入れて!

黄色いたくあん
食欲をかき立てる黄色いおかずとして、重
要なたくあん。そのままごはんの上にのせ
ても、角切りにして詰めてもOK!

グリーンオリーブ
楕円形のグリーンオリーブは、洋風のお弁
当のおかずのときのすき間埋めにピッタリ。
ピックに刺して詰めるのも◎。

型抜きにんじん&大根
オレンジと白の彩りを添えるすき間埋め。
ただゆでるだけですが、型で抜くだけで、
かわいいアイテムになります。

ゆでえび
プリプリ食感とえびの旨味がおいしいゆで
えび。自分でゆでて保存しておくのもよし、
市販のものでもOK。

小さなカットチーズ
6Pチーズを詰めるのもいいし、1cm角に
切ったチーズなら、すき間に詰めやすいか
らおすすめ。カルシウム補給に。

すだち&レモン
黄色、緑の彩りだけじゃなく、爽やかな香
りと風味をプラス。傷みやすいお弁当に入
れると、防腐作用も期待できます。

小ワザ 4

白いごはんも手軽に変化！

ごはんのおとも

お弁当の白いごはんだけではなんだか少し物足りないときに助かる、ごはんのおともたち。彩りだけでなく、栄養もプラスしてくれるのがうれしいですね。これさえあれば、白いごはんもパクパク食べられます。

梅ひじき
カリカリ梅の食感がたまらない！

材料と作り方（作りやすい分量）
1 カリカリ梅大4個は種を取り、細かく刻む（刻んであるものを使ってもOK）。芽ひじき15gは7分ほど水で戻し、ざるに上げ、よく洗う。
2 フライパンにひじきを入れて強火にかけ、余分な水分がなくなるまでから炒りする。カリカリ梅、酒・みりん・しょうゆ各大さじ1、砂糖小さじ2、塩少々を入れて弱めの中火にし、汁けがなくなるまで炒めたら、白炒りごま大さじ1を加える。

せりとたらこのごま油和え
日本酒のおともにしても◎

材料と作り方（作りやすい分量）
1 せり1束はさっと塩ゆでし、冷水にとってから水けをきり、細かく刻む。
2 ボウルに1、たらこ（身をこそげ取る）½腹分、ごま油小さじ1を加え、和える。

あじの干物と青じそとごま和え
青じそでさっぱりいただける

材料と作り方（作りやすい分量）
1 あじの干物（大）1尾を焼き、身をほぐす。青じそ4枚は半分の長さに切り、せん切りにする。みょうが1本は小口切りにする。
2 ボウルに1、白炒りごま大さじ1、塩少々を入れ、和える。

おかか炒り卵
おかかとしょうゆの相性抜群！

材料と作り方（作りやすい分量）
1 炒り卵（P146）の分量で炒り卵を作る。
2 ボウルに1、かつお節1パック（2.5g）、しょうゆ小さじ1を入れ、混ぜる。

しょうがの甘煮
余りがちなしょうがで一品完成

材料と作り方（作りやすい分量）
1 しょうが3かけは皮をむいてせん切りにする。
2 鍋に酒・みりん各大さじ2、しょうゆ大さじ3、ざらめ大さじ1½を入れて火にかけ、煮立ったら、1を加えて落とし蓋をし、ときどき混ぜながら10〜15分ほど汁けがなくなるまで煮る。火を止め、そのまま冷ます。

桜えびと青のり
ごま油と磯の香りが広がって美味

材料と作り方（作りやすい分量）
フライパンにごま油小さじ2を弱めの中火で熱し、桜えび50gを入れて風味が出るまで炒める。火を止め、青のり小さじ2、塩少々をふり、混ぜる。

小ワザ 5

ちょっと入っているとうれしい！
果物バリエーション

お弁当に果物が入っていると、最後までワクワクとした気持ちに！
1種類だけでも、ちょっぴり贅沢に2～3種類持って行っても◎。
旬の果物を詰めて、季節を感じられたら素敵ですね。

memo

シリコンカップや別容器に入れて

果物はシリコンカップや、別の容器に入れて持っていきましょう。特に、切ったフルーツは水分が多く出て、傷む原因になることがあるので、蓋つきの別容器に入れて。

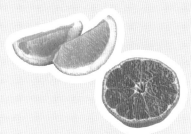

オレンジ＆みかん

オレンジの色あいで、入っているとお弁当が華やかに！みかんはそのまま持って行けるのがうれしい。

ミニバナナ

普通のバナナでもOKですが、お弁当には小さいサイズのバナナもおすすめ。小さな子どものお弁当にもぴったり！

チェリー

お弁当のすき間に、ちょこっと入れることもできるチェリー。別の容器にたっぷり持って行っても◎。

キウイフルーツ

甘酸っぱさがたまらないキウイフルーツ。水分が多いので、別容器に入れて持って行きましょう。

いちじく

夏から秋にかけて旬を迎えるいちじくもお弁当に。食べやすく切って持って行くのがおすすめです。

ブルーベリー

小さな容器に入れて持っていきたいブルーベリー。そのままはもちろん、ヨーグルトにトッピングしても。

すいか

夏を感じるスイカは、彩りがいいのもうれしい。一口大に切ってから、別容器に入れて持っていきましょう。

パイナップル

甘酸っぱく、ジューシーな味わいがデザートにピッタリ。水分が多いので、別容器に入れるのが◎。

ぶどう

一口サイズでパクパク食べられるぶどうも、お弁当のデザートにおすすめ。房つきでも、取ってもお好みで。

21

フライやソテーにかけておいしい！
ソース・ドレッシングレシピ

フライや、焼いただけ、炒めただけの肉や魚介、野菜などにつけておいしい、ソース・ドレッシングをご紹介。

タルタルソース

材料と作り方
1 沸騰した湯に卵2個を入れ、10分ほどゆでたら水で冷まし、殻をむく。玉ねぎ⅛個はみじん切りにし、水にさらして水けをきる。
2 ボウルにゆで卵を入れてつぶし、玉ねぎ、マヨネーズ大さじ4、塩・粗びき黒こしょう各少々を加えて混ぜる。

ハーブタルタルソース

材料と作り方
1 沸騰した湯に卵2個を入れ、10分ほどゆでたら水で冷まし、殻をむく。紫玉ねぎ⅛個はみじん切りにし、水にさらして水けをきる。
2 ボウルにゆで卵を入れてつぶし、紫玉ねぎ、マヨネーズ大さじ3、オリーブオイル・パセリまたはディル（みじん切り）各大さじ1、塩・こしょう各少々を加えて混ぜる。

カレーマヨネーズ

材料と作り方
マヨネーズ大さじ3、カレーパウダー小さじ1を混ぜ合わせる。

オーロラソース

材料と作り方
マヨネーズ大さじ3、トマトケチャップ大さじ1を混ぜ合わせる。

バジルソース

材料と作り方
フードプロセッサーにバジル60g、にんにく½かけ、塩小さじ1を入れて撹拌し、松の実・くるみ（炒ったもの）各15gを加えて撹拌する。オリーブオイル100mℓを少しずつ加えて撹拌し、パルミジャーノレッジャーノチーズ大さじ6を加える。

粒マスタードマヨ

材料と作り方
マヨネーズ大さじ3、粒マスタード大さじ1、はちみつ小さじ1、塩少々を混ぜ合わせる。

トマトソース

材料と作り方
鍋にオリーブオイル大さじ1½、にんにく（つぶす）1かけ分を入れて弱火にかけ、ふつふつしてきたらカットトマト缶1缶、ローリエ1枚、塩小さじ½を入れ、水分が飛んでポテッとするまで煮込む。はちみつ小さじ1、塩・こしょう各少々で味をととのえる。

せりマヨネーズ

材料と作り方
さっと塩ゆでし、みじん切りにしたせり¼カップの水けをしっかりときり、マヨネーズ大さじ4と混ぜ合わせる。

ハニーマスタード

材料と作り方
フレンチマスタード大さじ2、はちみつ小さじ2、塩・こしょう各少々を混ぜ合わせる。

サラダ弁当（P148〜149）などにおすすめ！

レモンドレッシング

材料と作り方
米酢大さじ2、レモン汁大さじ1、フレンチマスタード小さじ1、塩小さじ½、こしょう少々をよく混ぜ、オリーブオイル120mℓを加えて乳化するまで混ぜ合わせる。

PART 1
お弁当の定番おかず&
バリエーション

お弁当作りは、同じようなおかずになって、飽きてしまいがち…。
毎日いろいろなメニューを考えるのは大変だから、
定番おかずからバリエーションを広げてみませんか?
定番のおかずは変えなくても、味つけや、混ぜる食材、
焼いたり揚げたりなどの調理法を変えるだけでいいんです。
難しく考えずに、定番おかずのアレンジでバリエーションを増やしましょう。

memo

**彩りや切り方で
楽しい見栄えに！**

幼児のお弁当には、蓋を開けたとに「わぁー!!」となるような、楽しい見栄えを、少しだけ意識します。ウインナーや卵焼きを飾り切りしたり、色鮮やでかわいい色あいのふりかけを選んだり！ 朝、無理のない範囲で工夫してみて。

から揚げ弁当

お花の卵焼きや、たこさんウインナーで子どもがよろこぶ、かわいいお弁当。
食後のお楽しみの果物も、食べやすいものを2種類くらい入れて、華やかに。

すいか&マスカット

鶏のから揚げ →P42

ミニミニたこさんウインナー →P16

三色ちくわのチーズ →P108

ふりかけごはん

お花の卵焼き →P16

ヤングコーンといんげんの
ごま油和え →P128

キャンディーチーズ

\time table/

	前日	start		5		10		15
鶏のから揚げ	下味をつける				衣をつける　揚げる			詰める
たこさんウインナー	-					切って焼く		
お花の卵焼き	-	卵を溶く	焼いて巻く				切る	
三色ちくわのチーズ	-						チーズを詰める	
ヤングコーンといんげんのごま油和え	作りおき				レンチン			

24

家族のお弁当② 中高生弁当

肉巻きフライと
照り焼きチキンの
お弁当

食べ盛りの中高生には、ガッツリお腹にたまる
お弁当を。タルタルソースがかかった
濃厚な照り焼きと、具だくさんの
肉巻きフライで大満足！

memo

野菜も食べられる
お肉メインのお弁当

中高生のお弁当には、ドーン！と肉を盛りつけ
ながらも、いろいろなところにちょこちょこ野菜
を忍ばせてみます。肉で野菜を巻いたり、ピラ
フににんじんを混ぜ込んだり！卵、チーズ、肉
のタンパク質もたっぷりで栄養満点です。

アスパラ、チーズ、パプリカの
肉巻きフライ→P30

ピーマンとベーコンの
炒め物 →P96

ゆでブロッコリー

ミニトマト

すき間うめパスタ
→P152

斜め切りウインナー
→P16

にんじんピラフ

照り焼きチキン
タルタルソース →P41

材料と作り方(2合分)
白米2合をといで炊飯器に入
れ、にんじん(すりおろし)½
本分、酒小さじ2、塩小さじ1、
バター10gを加えて水を2合
の目盛りまで注ぎ、炊く。

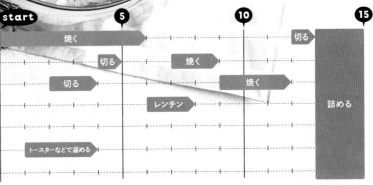

＼ time table ／	前日	**start**		**5**			**10**		**15**
照り焼きチキン&タルタルソース	タルタルソースは作りおき	焼く						切る	
斜め切りウインナー	-			切る		焼く			詰める
ピーマンとベーコンの炒め物	-		切る				焼く		
にんじんピラフ	作りおき				レンチン				
ゆでブロッコリー	作りおき								
アスパラ、チーズ、パプリカの肉巻きフライ	前日の夕食から	トースターなどで温める							
すき間うめパスタ	作りおき								

家族のお弁当③ 働く女子弁当

アジア風焼きそばのお弁当

ナンプラーが香る、ヘルシーにかさ増ししたおしゃれなエスニック風のお弁当。
焼きそばには、えびやナッツ、もやしなどの、食感の楽しい食材がアクセントに!

ミニトマト

アジア風焼きそば →P151

レモンから揚げ →P44

うずらの卵の目玉焼き →P16

\time table/	前日	**start**		**5**		**10**		**15**
アジア風焼きそば	-		切る		炒める		詰める	
うずらの卵の目玉焼き	-					焼く	詰める	
レモンから揚げ	前日の夕食から	レンチン						

つくねの和風弁当

お父さんには和風のおかずを詰め合わせて、ほっと落ち着くお弁当に。野菜、肉、魚介類がバランスよく入って、お腹も心も満たされます。

松の実入りつくね →P76

ねぎとたくあんの卵焼き →P194

いかの山椒和え →P70

きゅうりとかぶの麹漬け →P69

素揚げのような簡単天ぷら
かぼちゃ&さやいんげん&にんじん →P19

梅干しとごまのごはん

\time table/

	前日	start		5		10		15
いかの山椒和え	冷凍いかを冷蔵庫へ移す					炒める		
ねぎとたくあんの卵焼き	-		切って混ぜる	焼く				
素揚げのような簡単天ぷら かぼちゃ&さやいんげん&にんじん	-	切る			揚げる		詰める	
松の実入りつくね	前日の夕食から				レンチン			
きゅうりとかぶの麹漬け	作りおき							

野菜の肉巻き

野菜と肉をバランスよく食べられ、彩りも鮮やかだから、お弁当にぴったり！
前日の夜に焼く前まで仕込んでおけるから、朝ラクできる一品です。

> 切った断面が
> カラフルで
> 華やかに！

材料（3本分）

にんじん … ⅓本
さやいんげん … 6本
ヤングコーン（水煮）… 3本
豚しょうが焼き用肉 … 6枚
塩・こしょう … 各少々
照り焼きのタレ（P39）
　… 大さじ3
植物油 … 小さじ½

point

肉・野菜・味つけを
変えてアレンジ無限大

巻く肉は、豚肉、牛肉、鶏肉、ベーコン、生ハムなど、お好きな肉や加工肉を使って作ってOK。カロリーを気にする人や、さっぱりと食べたいという人は、しゃぶしゃぶ用の薄い肉や、豚肉なら脂身の少ないもも肉を使うのもおすすめです。野菜や味つけも、お好みでアレンジしてみて。

作り方

1

野菜の下ごしらえ

にんじんは細切りにし、さやいんげんはヘタを切り落とす。

2

野菜を電子レンジで加熱する

1を耐熱皿に入れ、ラップをして電子レンジで1分加熱し、そのままおいておく。

3
ここまで
夜やると朝ラク

下味をつけた豚肉で野菜を巻く

豚肉を2枚広げて塩、こしょうをしっかりめにふり、さやいんげん2本、にんじん⅓量、ヤングコーン1本をのせて巻く。

4

フライパンで焼く

フライパンに植物油を熱し、**3**を巻き終わりを下にして焼く。焼き色がついたら、返しながら焼く。

5

タレを加える

全体に焼き色がついたら、照り焼きのタレを加える。

6

タレを絡める

タレを全体に絡めながら焼く。

---

memo

肉は少しきつめに巻くのがコツ

肉で具材を巻くときは、ギュッと少しきつめに巻きましょう。お弁当に詰めるときに、崩れにくくなるうえ、食べたときの食感も◎。焼くときは、巻き終わりを下にして焼くことで、肉が密着され、はがれにくくなります。

これで1回分！

完成！

肉巻きバリエ12

肉巻きおにぎり パセリチーズ・紅しょうが・コーン

混ぜる具は、その日の気分で選んでOK!

01

中身は
食べてからの
お楽しみ!

朝から10分

材料と作り方(6個分)

＜具＞A【パセリ（みじん切り）・ピザ用チーズ各適量】、B【紅しょうが・白炒りごま各適量】、C【コーン缶適量】

1 ボウルに温かいごはん500gを入れ、AかBかCの好みの具を加えて混ぜ合わせる。6等分にし、ポロポロにならないようにラップに包んでかために握り、丸型のおにぎりを作る。

2 牛しゃぶしゃぶ用肉12枚を用意し、牛肉2枚におにぎり1個をのせて全体が隠れるように巻き、肉とごはんをしっかり密着させる。これを6個作る。

3 熱したフライパンに植物油適量をひいて、2の巻き終わりを下にして焼く。全体が焼けたら焼肉のタレ適量を加え、全体に絡める。

02

ガッツリ
食べたいときは
フライが◎

作りおきも
OK!

夜仕込む
とラク

アスパラ、チーズ、パプリカの肉巻きフライ

ボリューム満点！濃厚チーズで冷めてもおいしい

材料と作り方(4個分)

1 アスパラガス4本は根元のかたい部分を切り落とし、半分の長さに切る。プロセスチーズ100gはアスパラと同じ長さの拍子木切り4本にする。赤パプリカ⅓個は細切りにする。

2 豚しょうが焼き用肉4枚を用意し、豚肉1枚に1を¼量ずつのせて巻き、塩・こしょう各少々をふる。これを4個作る。薄力粉・溶き卵・パン粉各適量の順に衣をつけ、180℃の揚げ油適量で揚げる。

まいたけ肉巻き

大きくほぐしたまいたけで、ボリューム感アップ

材料と作り方(4個分)

1 まいたけ1パックは石づきを取り除き、4等分に手でほぐす。

2 牛しゃぶしゃぶ用肉8枚を用意し、牛肉2枚に1を1個のせて巻く。これを4個作る。

3 熱したフライパンに植物油小さじ½をひき、2の巻き終わりを下にして焼く。すき焼きのタレ大さじ3を加え、両面に絡め、白炒りごま適量をふる。

すき焼きのタレと
牛肉の相性が
バッチリ

03

作りおきも
OK!

朝から10分

ゆで卵の肉巻き
ゆで卵は夜作っておくと朝が時短に！

ゆで卵も
ひと工夫加えて
新鮮なおかずに

材料と作り方(2個分)

1 牛しゃぶしゃぶ用肉4枚とゆで卵2個を用意し、牛肉2枚を広げ、ゆで卵1個をのせて巻く。これを2個作る。

2 熱したフライパンに植物油小さじ½をひき、**1**の巻き終わりを下にして焼く。**すき焼きのタレ大さじ3**を加えて両面に絡め、半分に切る。

04

作りおきも OK！ 夜仕込むとラク

05

食感が楽しい
2種類の野菜を
くるくる巻いて

オクラ、ヤングコーンの肉巻き
オクラの下処理は夜やっておいてもOK

材料と作り方(8本分)

1 オクラ4本、ヤングコーン(水煮)4本、豚しゃぶしゃぶ用肉8枚を用意する。オクラは板ずりし、ガクを切り落とす。豚肉1枚にオクラまたはヤングコーン1本をのせ、塩・こしょう各少々をふり、巻く。外側にも塩・こしょう各少々をふる。

2 熱したフライパンにオリーブオイル小さじ½をひき、**1**の巻き終わりを下にして入れ、**酒小さじ1**を加えて焼き色がつくまで全面を焼く。

作りおきも OK！ 朝から10分

06

肉の脂と
さっぱりした
具材がよく合う

みょうがの甘酢漬けの肉巻き
みょうがの甘酢漬けがあれば、朝すぐ作れる

材料と作り方(4本分)

1 豚しゃぶしゃぶ用肉4枚を用意する。みょうがの甘酢漬け(P69)2本は縦4等分に切り、豚肉1枚に切ったみょうが2切れをのせ、塩・こしょう各少々をふり、巻く。これを4本作り、外側にも塩・こしょう各少々をふる。

2 熱したフライパンに植物油小さじ½をひき、**1**の巻き終わりを下にして入れ、**酒小さじ1**を加えて焼き色がつくまで全面を焼く。

作りおきも OK！ 朝から10分

キムチのりチーズの肉巻きフライ
ピリ辛キムチとチーズのコクがあとを引く!

キムチやチーズ、旨味たっぷりの食材を巻いて!

材料と作り方(4本分)

1 豚しょうが焼き用肉8枚、スライスチーズ4枚、キムチ大さじ4、焼きのり1枚を用意し、のりは十字に切る。豚肉2枚にのり1枚、チーズ1枚、キムチ大さじ1をのせて巻き、塩・こしょう各少々をして、薄力粉・溶き卵・パン粉各適量の順に衣をつける。
2 1を180℃の揚げ油適量で揚げる。好みで青のり適量をふる。

作りおきもOK! 夜仕込むとラク

07

ホクホクしたかぼちゃがほっとする

08

作りおきもOK! 夜仕込むとラク

かぼちゃの肉巻き
夜のうちにかぼちゃだけ切っておいても◎

材料と作り方(4本分)

1 かぼちゃ5mm幅に切ったもの4枚は、水にさっとくぐらせてからラップをして電子レンジで1分30秒加熱する。
2 牛しゃぶしゃぶ用肉8枚を用意し、牛肉2枚でかぼちゃ1枚を巻く。
3 熱したフライパンに植物油小さじ½をひき、2の巻き終わりを下にして焼く。両面焼いたらすき焼きのタレ大さじ3を加え、絡める。

マッシュポテトの肉巻き
マッシュポテトがあれば、朝すぐ作れる!

マッシュポテトはまとめて作っておくと便利

09

材料と作り方(4本分)

1 牛しゃぶしゃぶ用肉4枚、マッシュポテト大さじ4を用意する。牛肉1枚にマッシュポテト大さじ1をのせて巻く。
2 熱したフライパンに植物油小さじ½をひき、1の巻き終わりを下にして焼く。両面焼いたら焼肉のタレ大さじ3を加え、絡める。

> **マッシュポテトの材料と作り方(作りやすい分量)**
> じゃがいも2～3個は一口大に切り、水に5分ほどさらし、水けをきって耐熱皿にのせる。ラップをして電子レンジで5分加熱し、熱いうちにつぶす。牛乳大さじ3、バター10g、コンソメ(顆粒)1つまみ、塩・こしょう各少々を加えて混ぜる。

作りおきもOK! 夜仕込むとラク

菜の花の肉巻き
ほろ苦い菜の花と豚肉の組み合わせがたまらない

すき焼きのタレを使って苦味がマイルドに

材料と作り方(4本分)
1 菜の花½束は下のかたい部分を切り落とす。豚しょうが焼き用肉8枚を用意し、豚肉2枚で菜の花¼量をのせて巻く。
2 熱したフライパンに植物油小さじ½をひき、1の巻き終わりを下にして焼く。両面焼いたらすき焼きのタレ大さじ3を加え、絡める。粗びき黒こしょう適量をふる。

10

作りおきもOK!　朝から10分

11

具を入れずに、鶏肉だけを巻いて焼いてもおいしい

作りおきもOK!　夜仕込むとラク

ロールチキン
肉厚で食べ応えバッチリ!もも肉の旨味も堪能できる

材料と作り方(1巻分)
1 鶏もも肉1枚は皮の面をフォークで刺し、余分な脂肪は切り落とす。包丁で切り目を入れて厚みを均等にする。
2 ほうれん草¼束はゆでて水けを絞る。にんじん¼本は細切りにし、塩少々をふってラップをし、電子レンジで40秒加熱する。
3 1を広げ、両面に塩少々をふり、2をのせて巻き、タコ糸を形よく巻く。
4 熱したフライパンに植物油小さじ½をひき、3を入れ、中火で転がしながら全体に焼き色をつけ、余分な油を捨てる。照り焼きのタレ(P39) 50mℓを加え、蓋をして弱火で7〜8分蒸し焼きにし、蓋をとって火を強め、照りをつける。

12

しょうがの甘酢漬けと青じその肉巻き
あまりがちなガリが主役に! 豚肉との相性抜群

ガリと青じそでさっぱりと食べられる

材料と作り方(4本分)
1 豚しょうが焼き用肉8枚、しょうがの甘酢漬け(ガリ)大さじ4、青じそ8枚を用意する。豚肉2枚に青じそ2枚、しょうがの甘酢漬け大さじ1をのせ、塩・こしょう各少々をふり、巻く。外側にも塩・こしょう各少々をふる。
2 熱したフライパンに植物油小さじ½をひき、1の巻き終わりを下にして入れ、酒小さじ1を加えて焼き色がつくまで全面を焼く。

作りおきもOK!　朝から10分

材料（2回分）

卵…2個

A 砂糖…小さじ1
　　だししょうゆ…小さじ½
　　塩…1つまみ

好みの植物油…適量

定番卵焼きも
アイディア次第で
毎日新鮮！

卵焼き 朝から10分

手軽に作れ、他のおかずとも相性がいい卵焼きは、
お弁当に欠かせない定番のおかずです。
ふんわりした口当たりの、やさしい甘さの卵焼きレシピを紹介します。

作り方

1

卵液を作る

ボウルに卵を割り入れ、Aを加え、白身と黄身を混ぜ込みすぎないように溶きほぐす。

2

油をひいて、1を流し入れる

卵焼き用のフライパンをよく熱してから植物油を薄くひき、卵液を⅓～¼量流し入れる。

3

手前に巻いて芯を作る

火が通り始めたら、表面が乾く前に向こう側から手前に寄せるように巻き、芯を作る。

4

芯を奥にずらし、卵液を加える

芯を奥にずらし、空いているところに油を薄くひき、卵液を適量加える。

5

卵液を芯の下にも流す

芯を持ち上げ、芯の下にも卵液を流す。

6

手前に巻き、4～6を繰り返す

表面が乾く前に向こう側から手前に巻き、卵液がなくなるまで4～6を繰り返して焼く。

memo
巻きすを使えばきれいな形に作れる

もし上手に焼けずに、形がくずれてしまったら、巻きすやキッチンペーパーなどでキュッと包んでおいて、きれいに形が整います。調味料を卵液と混ぜるときは、砂糖が下にたまりやすいので、砂糖をしっかり混ぜるように、かき混ぜておきましょう。

\これで1回分!/ 完成!

お好みの具材で 卵焼き&オムレツバリエ6

黄色い卵に
万能ねぎの緑が
よく映える

01

万能ねぎと桜えびのだし巻き

噛むたびに桜えびの旨味を感じる!

材料と作り方(2回分)

1 **万能ねぎ2本**は小口切りにする。
2 ボウルに**卵2個**を溶き、**1**、**桜えび大さじ1**を加えて混ぜ、**白だし小さじ½**、**水小さじ2**、**塩・砂糖各1つまみ**を加えて混ぜる。
3 P35の作り方**2〜6**同様に焼く。

朝から
10分

02

ごま油の風味と
しらすの旨味が
たまらない!

長ねぎの卵焼き

長ねぎの味をしっかり感じて美味!

材料と作り方(2回分)

1 **長ねぎ10cm**はみじん切りにする。
2 ボウルに**卵2個**を溶き、**だししょうゆ・砂糖各小さじ1**、**塩少々**を加えて混ぜ、**1**を加えて混ぜる。
3 P35の作り方**2〜6**同様に焼く。

夜仕込む
とラク

シンプルだけど
旨味をしっかり
感じる一品

韓国風卵焼き

夜にわかめを水で戻しておくと朝ラクチン

材料と作り方(2回分)

1 卵焼き用のフライパンに**ごま油小さじ2**を熱し、1.5cm長さの細切りにした**にんじん大さじ1**を炒める。
2 ボウルに**卵2個**を溶き、**1**、**しらす干し・乾燥カットわかめ(戻したもの)各大さじ1**、**酒・だししょうゆ各小さじ½**、**塩・砂糖各2つまみ**を加えて混ぜる。
3 **1**のフライパンをペーパータオルで拭いてからよく熱し、**ごま油適量**をひき、卵液を⅓〜¼量流し入れる。
4 P35の作り方**3〜6**同様に焼く。

＊塩蔵わかめなど、長い状態のわかめを使う場合は、食べやすく切ってから使いましょう。

03

朝から
10分

36

ハムと青じその卵焼き
ハムの旨味と青じそのさわやかさが合う

青じその風味で
さっぱりと
いただける

04

材料と作り方（2回分）
1 ハム1枚は8mm角に切る。青じそ3枚はせん切りにする。
2 ボウルに卵2個を溶き、だししょうゆ小さじ1、砂糖2つまみ、塩1つまみを加えて混ぜ、1を加えて混ぜる。
3 P35の作り方2〜6同様に焼く。

朝から
10分

05

洋風の
朝ごはんに
作っても

朝から
10分

ミックスベジタブルとベーコンのオムレツ
手軽なミックスベジタブルで野菜をプラス

材料と作り方（1回分）
1 ベーコン½枚は細切りにする。
2 ボウルに卵1個を溶き、1、ミックスベジタブル大さじ1を加えて混ぜる。
3 フライパンにバター小さじ1を熱し、2を流し入れ、オムレツの形に整えながら焼く。

冷めても
チーズのコクが
広がって美味

06

トマト、アスパラ、チーズのオムレツ
やわらかなトマトとアスパラの歯応えが絶妙

材料と作り方（1回分）
1 ミニトマト2個は縦4等分に切る。アスパラガス1本は下のかたい部分を切り落とし、斜め薄切りにする。
2 ボウルに卵1個を溶き、1、ピザ用チーズ大さじ1を加えて混ぜる。
3 フライパンにバター小さじ1を熱し、2を流し入れ、オムレツの形に整えながら焼く。

朝から
10分

ぶりの照り焼き

作りおきも OK!　夜仕込むとラク　朝から10分

ごはんにも
よく合う
照り焼きダレで

甘辛いタレがよく絡み、ごはんが進むぶりの照り焼き。肉厚な身もたまりません。
養殖用のぶりは脂乗りがいいから冷めてもしっとり！ お弁当におすすめです。

材料 (4回分)

ぶり（切り身）…2切れ
塩…少々
薄力粉…適量
照り焼きのタレ（P39）
　…大さじ3
好みの植物油…小さじ½

point

切り身魚を長持ちさせる保存のコツ

切り身魚は買ってきたらまず塩をふり、出てきた水分をペーパータオルで拭き取り、臭みを取り除きましょう。そして、1切れずつ新しいペーパータオルに包んでからラップをし、密閉用保存袋に入れて、チルド室で保存すると持ちがよくなり、生臭さも抑えられます。

作り方

1
ぶりに塩をふる

ぶりは夜のうちに塩をふり、冷蔵庫に一晩おく（時間がなければやらなくてOK）。

2
出てきた水分を拭き取る

ぶりの表面に出てきた水分を、ペーパータオルで拭き取り、臭みを取る。

3
一口大に切り、薄力粉をふる

一口大に切り、全体に薄力粉をふり、余分な粉ははらう。

4
フライパンでぶりを焼く

フライパンに植物油を中火で熱し、**3**を入れて焼く。

5
焼き色がつくまで焼く

火が通り、両面に焼き色がついたら、余分な油をペーパータオルで拭き取る。

6
タレを加えて絡める

照り焼きのタレを加え、強めの中火で照りをつけるように絡めながら焼く。

いろいろな料理で使えて便利！

照り焼きのタレの材料と作り方
（作りやすい分量）

しょうゆ・酒・みりん各100㎖、砂糖大さじ5を混ぜ合わせる。

冷蔵 1ヶ月

完成！

これで1回分！

照り焼きバリエ6

甘辛のタレを
よ〜く絡めて

かじきのマスタード照り焼き

お好みの切り身魚で作ってもおいしい!

淡白なかじきに
粒マスタードが
アクセント!

01

材料と作り方(4回分)

1 めかじき(切り身)2切れは夜のうちに塩をふり、冷蔵庫に一晩おく(時間がなければやらなくてOK)。

2 表面に出てきた水分を、ペーパータオルで拭き取り、臭みを取る。

3 一口大に切り、全体に薄力粉適量をふり、余分な粉ははらう。

4 P39の4〜6同様に、好みの植物油小さじ½で両面を焼き、照り焼きのタレ(P39)大さじ3、砂糖小さじ1を加え、煮絡める。煮詰まったら粒マスタード小さじ1〜2を加えて絡める。

作りおきも OK! / 夜仕込むとラク / 朝から10分

02

切り目を入れれば
タレがしっかり
絡みます

いかの照り焼き

冷凍のカットいかを使って、手軽に作ってもOK!

材料と作り方(2〜3回分)

1 いか(胴体)1枚は食べやすく切り、格子状に切り目を入れる。全体に薄力粉適量をふり、余分な粉ははらう。

2 P39の4〜6同様に、好みの植物油小さじ½で両面を焼き、照り焼きのタレ(P39)大さじ2を絡める。

作りおきも OK! / 朝から10分

03

噛むほどに
ほたての旨味が
染み出る!

ほたての照り焼き

ボイルほたてを使えば下ごしらえ不要で簡単!

材料と作り方(4回分)

1 P39の4〜6同様に、好みの植物油小さじ½でボイルほたて小8個を入れて焼き、照り焼きのタレ(P39)大さじ2を絡める。

作りおきも OK! / 朝から10分

むね肉やささみなど
部位を変えて
アレンジしても

04

照り焼きチキン タルタルソース
噛むたびにもも肉のジューシーさを堪能!

材料と作り方(4回分)
1 鶏もも肉1枚は厚みを均等にし、塩・こしょう各少々をまぶし、全体に薄力粉適量をふり、余分な粉ははらう。
2 P39の4〜6同様に、好みの植物油小さじ½で両面を焼き、照り焼きのタレ(P39)大さじ3を絡める。
3 2を食べやすい厚さに切り、タルタルソース(P45)適量をかけ、パセリ(みじん切り)適量を散らす。

作りおきも
OK!

朝から
10分

炒りごまを
仕上げにかけて
風味をアップ

05

焼き豆腐の照り焼き
豆腐の水きり不要で簡単!タレが絡んで美味

材料と作り方(4回分)
1 焼き豆腐½丁は食べやすく切り、全体に薄力粉適量をふり、余分な粉ははらう。
2 P39の4〜6同様に、好みの植物油小さじ½で両面焼き、照り焼きのタレ(P39)大さじ4を絡める。
3 2に白炒りごま適量をふる。

作りおきも
OK!

朝から
10分

厚切り豚バラと長ねぎの
照り焼き
長ねぎの甘みが照り焼きのタレとよく合う!

06

肉厚だから
とっても
ジューシー!

材料と作り方(3回分)
1 豚バラ肉(厚めに切られたもの)6枚は食べやすく切り、塩・こしょう各少々をまぶし、全体に薄力粉適量をふり、余分な粉ははらう。
2 長ねぎ½本は2〜3cm幅に切る。
3 フライパンに好みの植物油小さじ½を中火で熱し、2を入れてこんがり焼き、1を加える。火が通り、両面に焼き色がついたら、余分な油をペーパータオルで拭き取る。照り焼きのタレ(P39)大さじ3を加え、強めの中火で照りをつけるように絡めながら焼く。

作りおきも
OK!

朝から
10分

鶏のから揚げ

作りおきもOK!　夜仕込むとラク

カリッとした衣と、ジューシーな味わいが人気の鶏のから揚げは、お弁当おかずの定番。
しっかりと味が染み込み、冷めてもおいしいから揚げです。

空気に触れさせる
のがカリッと
揚げるポイント

材料（3〜4回分）

鶏もも肉…1枚

A にんにく（つぶす）
　…1かけ分

　しょうが（皮つきのまま薄
　切り）…3枚

長ねぎ（青い部分）…1本分

しょうゆ…小さじ2

酒…小さじ2

砂糖…小さじ½

塩…小さじ¼

こしょう…少々（スパイシー
　にしたければ多めに）

卵…小1個またはL玉½個
　分（なくてもOK）

薄力粉…山盛り大さじ2

片栗粉…山盛り大さじ2

揚げ油…適量

point

**下味をつけた状態で
保存しても**

作り方2まで仕込んだら、袋ごと密
閉用保存袋に入れて保存しても
OK。冷蔵で3日、冷凍で3週間保
存ができます。**memo**のように違
う部位を加えて多めに作っておく
のも便利です。

作り方

1

鶏肉を切る
鶏肉は厚みを均等にし、一口大に切る。

2
ここまで夜やると朝ラク

ポリ袋に入れて下味をつける
厚めのポリ袋に1、Aを入れ、よく揉み込むように混ぜる。夜仕込む場合は冷蔵庫において漬けておく。

3

別のポリ袋で衣を作る
別のポリ袋に薄力粉と片栗粉を入れ、空気を入れて口を閉じ、袋をふって混ぜる。

4

鶏肉を加えて衣をまぶす
3に2の鶏肉を加え、空気を入れて口を閉じ、袋をふって粉をまぶす。

5

揚げ油を熱する
揚げ油を170℃に熱し、上下の油の温度を均一にするために箸でひと混ぜする。

6

空気に触れさせながら揚げる
4の余分な粉をはらい、皮で包むように鶏肉を丸めながら5に入れ、途中で空気に触れさせながらきつね色になるまで揚げる。

memo

砂肝や手羽先も一緒に揉み込む
チューリップにした手羽先や砂肝なども一緒に揉み込んで下味をつけておくとバリエーションがアップ。下処理なしでOKの手羽中もおすすめです。まとめて漬けておけば、日替わりで楽しめます。

これで1～2回分！ 完成！

から揚げバリエ6

**定番の鶏からを
タレで楽しむ**

01

> 下味を変えて
> アレンジして
> みても!

塩麹から揚げ

塩麹でしっとりやわらか! 噛むたびに旨味広がる

材料と作り方(3〜4回分)
1 P42の材料の**A**にしょうゆと塩を入れずに、塩麹大さじ1
を加え、P43と同様に作る。

作りおきも
OK!

夜仕込むと
ラク

> 疲労回復に!
> クエン酸を
> レモンで補給

02

レモンから揚げ

さっぱりから揚げを食べたいときにおすすめ!

材料と作り方(3〜4回分)
1 レモン(スライス)2枚はいちょう切りにする。
2 から揚げ(P42)適量と**1**を混ぜ、粗びき黒こしょう適量を
ふる。

夜仕込むと
ラク

03

> ごま油が香る
> ねぎダレを
> たっぷりかけて

ねぎダレから揚げ

ねぎダレは蒸し鶏や豚肉などにかけてもおいしい

材料と作り方(3〜4回分)
1 から揚げ(P42)適量に、ねぎダレ適量をかける。

┌ ねぎダレの材料と作り方(作りやすい分量) ─
│ 1 万能ねぎ4本は小口切りにする。
│ 2 **1**、ごま油大さじ1½、塩小さじ¼、白すりごま大さじ1を混ぜ
│ る。

作りおきも
OK!

夜仕込むと
ラク

タレは食べる
ときにかける

甘辛ごま絡め
香ばしいごまの風味が甘辛ダレにマッチ

アツアツのうちに
ごまを絡めるのが
ポイント

04

材料と作り方（3〜4回分）

1 フライパンにすし酢（P136酢めしの作り方**2**）と照り焼き
のタレ（P38）を同量入れ、火にかける。

2 **1**が煮立ったら、から揚げ（**P42**）適量を加え、照りが出る
まで絡め、白炒りごまを適量加えてさっと絡める。

作りおきも
OK！　夜仕込む
とラク

素揚げで
野菜の甘みが
アップ！

05

素揚げ野菜の甘辛ダレ絡め
野菜はピーマン、にんじん、なすなどに変えてもOK

材料と作り方（3〜4回分）

1 フライパンにすし酢（P136酢めしの作り方**2**）と照り焼き
のタレ（P38）を同量入れ、火にかける。

2 **1**が煮立ったら、素揚げした野菜適量（写真はかぼちゃ、
れんこん、しし唐辛子）とから揚げ（**P42**）適量を加え、絡
める。

作りおきも
OK！　夜仕込む
とラク

チキン南蛮風
卵とマヨネーズたっぷりのタルタルで大満足の一品

ガッツリ
食べたい日は
コレで決まり！

06

材料と作り方（3〜4回分）

1 ボウルにすし酢（P136酢めしの作り方**2**）と照り焼きのタ
レ（P38）を同量入れて混ぜる。

2 **1**に揚げたてのから揚げ（**P42**）適量を加え、和える。

3 タルタルソース（下記またはP22でもOK）とねぎダレ
（P44）を同量混ぜ、**2**のから揚げにかける。

┌─ タルタルソースの材料と作り方（作りやすい分量）─
│ 1 玉ねぎ1/6個を薄切りにし、水にさらして水けをきり、みじん
│ 切りにする。ゆで卵3個は細かく刻む。
│ 2 ボウルに**1**、マヨネーズ大さじ5、塩・こしょう各少々を入れ
│ て混ぜる。
└

作りおきも
OK！　夜仕込む
とラク

ソースは食べる
ときにかける

ハンバーグ

作りおきもOK! 夜仕込むとラク

ケチャップとソースの濃厚ソースを絡めた、時間がたってもしっとりおいしいハンバーグです。
前日に肉だねを用意しておけば、朝ラクチン＆アレンジも豊富と頼りになるおかずです。

食パンを
つなぎに使えば
ふっくらおいしい

材料（4個分）

＜肉だね＞
合びき肉…250g
玉ねぎ（みじん切り）
　…¼個分
卵…小1個
牛乳…大さじ2
食パン（6枚切り）…½枚
　（細かく切り、牛乳に浸
　しておく／食パンがなけ
　ればパン粉大さじ3でも
　OK）

塩・こしょう・ナツメグ
　…各少々

＜ソース＞
A トマトケチャップ・中濃
　ソース…各大さじ2
　しょうゆ…大さじ1
　砂糖…小さじ1
　赤ワイン…大さじ1
　（なければ酒でもOK）
好みの植物油…適量

point

余分な油はペーパータオルで拭き取る

余分な油を拭き取ることで、油はねを抑えましょう。また、油と一緒に余分な水分も拭き取れるので、焼き上がりに表面がぐちゃっとせず、カリッとおいしく仕上がります。

作り方

1
ボウルに材料を入れる
ボウルにひき肉、玉ねぎ、卵、牛乳に浸した食パン、塩、こしょう、ナツメグを入れる。

2
肉だねを混ぜ、4等分にする。
粘りが出るまでよく混ぜ、4等分にする。

ここまで
夜やると朝ラク

3
小判形に成形する
手に植物油適量（分量外）をつけ、空気を抜きながら小判形に成形し、中央をくぼませる。

4
フライパンで肉だねを焼く
フライパンに植物油を中火で熱し、3を入れて焼く。焼き色がついたら裏返し、両面色よく焼く。

5
水を加えて蓋をする
水大さじ1（分量外）を加えて弱火にし、蓋をして6分ほど蒸し焼きにする。

6
タレを加えて絡める
Aを加えて沸騰させ、とろんとするまで煮詰め、ハンバーグに絡める。

完成！

これで3回分！

memo

ハンバーグのたねは夜作っておく！
朝は焼くだけにしておけるように、夜のうちに成形する工程まで仕込んでおくのがおすすめ。成形前の肉だねは冷凍用保存袋に入れて、平らにならし、冷凍保存しておくこともできるから、ストックしておくのも◎。

ハンバーグバリエ6

肉だねを
アレンジして

豆腐ひじきハンバーグ

豆腐でふんわり&野菜の歯応えが楽しい

カロリーが
気になるときにも
うれしい

01

材料と作り方(6〜8個分)

1 絹ごし豆腐¼丁はペーパータオルに包んで耐熱皿にのせ、ラップをせずに電子レンジで1分加熱して水きりする。ひじき大さじ1は水で戻す。玉ねぎ¼個はみじん切りにする。さやいんげん4本は5mm幅に切って耐熱皿に入れ、ラップをして電子レンジで1分加熱する。にんじん¼本は8mm角に切る。

2 ボウルに鶏ももひき肉200g、1、卵小1個、塩小さじ¼、砂糖2つまみ、片栗粉大さじ2、しょうが(すりおろし)小さじ1、しょうゆ小さじ2を入れ、粘りが出るまでよく混ぜる。

3 2を6〜8等分にし、P47の作り方3〜5同様に成形し、焼く。

4 3に照り焼きのタレ(P39) 50mlを回しかけ、絡める。

作りおきも
OK!

夜仕込む
とラク

02

茶色いお弁当には
ミックスベジタブルで
手軽に彩りを

ミックスベジタブル
チキンハンバーグ

ミックスベジタブルで手軽に野菜を補給

作りおきも
OK!

夜仕込む
とラク

材料と作り方(4個分)

1 ボウルに鶏ひき肉200g、玉ねぎ(みじん切り)¼個分、卵小1個、牛乳大さじ1、パン粉大さじ3、塩・こしょう・ナツメグ各少々、ミックスベジタブル½カップを入れ、粘りが出るまでよく混ぜる。

2 1を4等分にし、P47の作り方3〜5同様に成形し、焼く。

3 トマトケチャップ適量をつけて食べる。

ピーマン肉詰め

カラーピーマンを使えば彩りアップに!

材料と作り方(作りやすい分量)

1 ピーマン3個(色は好みでOK)は1cm幅の輪切りにする。内側に薄力粉適量をつけ、ハンバーグの肉だね(P47)適量を詰める。

2 フライパンに植物油小さじ½を中火で熱し、1を入れて焼く。焼き色がついたら裏返し、両面色よく焼けたら、水小さじ1を加えて弱火にし、蓋をして時々返しながら3分ほど焼く。

3 2の蓋を外して中火にし、水分を飛ばすように焼く。

4 しょうゆ適宜または、トマトケチャップと中濃ソースを同量混ぜたものをかけて食べる。

03

ピーマンが
苦手な子どもでも
食べやすい

作りおきも
OK!

夜仕込む
とラク

ミートローフ
断面がかわいいからお弁当が華やかに

ちょっぴり
特別感を味わえる
リッチなおかず

04

材料と作り方(作りやすい分量)

1 **赤パプリカ½個**は8mm角に切り、**さやいんげん6本**は8mm幅に切る。**にんじん大½本**は粗みじん切りにする。

2 ボウルに**ハンバーグの肉だね(P46)全量**、**1**を入れて混ぜる。オーブンは210℃に予熱しておく。

3 クッキングシートを敷いた天板に**ベーコン(長いもの)3枚**を端を少し重ねながら縦に並べる。ベーコンの上下を空けるように真ん中に**2**の肉だね半量をのせ、その上に**うずらの卵6個**を横に並べてのせる。残りの肉だねを上に重ねて、かまぼこ形に成形する。上下のベーコンをかぶせるように包み、表面に**オリーブオイル大さじ2**を回しかける。

4 オーブンを200℃に下げ、**3**を焼き色がつくまで30分ほど焼く。焼き上がったらアルミホイルをかぶせて5分ほどおいて落ち着かせ、食べやすい厚さに切り分ける。

5 好みで**ハニーマスタード(P22)**適宜や、**トマトケチャップ**適宜をつけて食べる。

作りおきも
OK!

夜仕込む
とラク

05

ごはんに
ソースを絡めて
食べたい!

作りおきも
OK!

夜仕込む
とラク

煮込みハンバーグ
ベーコンの旨味と玉ねぎの甘みがマッチしたソースが絶品

材料と作り方(4個分)

1 **玉ねぎ⅙個**は薄切りにし、**ベーコン2枚**は細切りにする。**マッシュルーム6個**は縦4～5等分に切る。

2 **焼いたハンバーグ(P46)** 4個のハンバーグが入っているフライパンに**バター10g**、**1**を加えて弱めの中火で炒める。玉ねぎがしんなりしてきたら、**トマトケチャップ大さじ4**、**中濃ソース大さじ2**、**しょうゆ小さじ1**、**酒大さじ1**、**水100㎖**、**バター大さじ1**、**砂糖小さじ¼**を加えて2～3分煮込む。仕上げに**パセリ(みじん切り)**をかける。

06

さっぱり薬味で
食欲がないときにも
食べやすい

和風香味野菜ハンバーグ
香味野菜がたっぷりで、さっぱり食べられる!

材料と作り方(作りやすい分量)

1 **みょうが(小口切り)**、**万能ねぎ(小口切り)**、**青じそ(せん切り)**、**しょうが(せん切り)**各同量を適量と**ポン酢しょうゆ**適量を混ぜ合わせる。

2 **焼いたハンバーグ(P46)**適量に**1**をかける。

作りおきも
OK!

夜仕込む
とラク

ミートコロッケ

作りおきも OK!　夜仕込むとラク

おいしそうな揚げ色が食欲をそそり、合びき肉の旨味が広がるミートコロッケ。
つぶしたじゃいもにコンソメを加えることで、冷めてもおいしく仕上がります。

材料（7〜10個分）

合びき肉…100g

じゃがいも…中3個

玉ねぎ（みじん切り）
　…½個分

塩…3つまみ

こしょう…少々

コンソメ（顆粒）…小さじ1

薄力粉・溶き卵・パン粉
　…各適量

バター…15g

揚げ油…適量

じゃがいもで
腹持ち抜群！
食べ盛りの子どもに◎

作り方

1
じゃがいもを加熱する
じゃがいもは8等分に切って5分ほど水にさらし、耐熱ボウルに入れ、ふんわりとラップをして竹串がすっと通る程度に電子レンジで6分加熱し、つぶす。

2
フライパンで玉ねぎを炒める
フライパンにバターを熱し、玉ねぎを加えて透明感が出るまで炒める。

3
ひき肉を加えて炒める
2にひき肉を加え、色が変わるまで炒めたら、塩、こしょうで味をととのえる。

4
じゃがいもにコンソメ、3を混ぜる
1のじゃがいもにコンソメを加え、3を加えて混ぜ合わせる。

ここまで
夜やると朝ラク

5
俵形にして衣をつける
4を7〜10等分にして俵形に成形し、薄力粉、溶き卵、パン粉の順に衣をつける。

6
揚げる
170〜180℃の揚げ油で5を色よく揚げる。

これで1〜2回分！ 完成！

コロッケバリエ6

じゃがいも
だけじゃない

市販の鮭フレークを
使えば手軽に
作れてラクチン

01

鮭とハーブチーズのコロッケ
ハーブチーズのコクが広がるおしゃれな一品

材料と作り方（5～6個分）

1 じゃがいも中3個はP51の作り方1同様に加熱し、熱いうちにつぶし、鮭フレーク大さじ2、塩小さじ⅛、こしょう少々を加えて混ぜ、冷ます。

2 1を5～6等分にしてハーブチーズ小さじ5～6（使う直前に冷蔵庫から出す）を小さじ1ずつ包み、ピンポン玉大に丸める。

3 2にP51の作り方5～6同様に衣をつけ、揚げる。

作りおきも
OK!

夜仕込むと
ラク

02

ミックスベジタブルで
栄養価と
食感をアップ!

カレーミックスベジタブル
かぼちゃコロッケ
かぼちゃの甘味とカレーの風味で野菜を食べやすく!

材料と作り方（5～6個分）

1 かぼちゃ¼個は種とワタを取り除いて皮をむき、一口大に切る。耐熱ボウルに入れてラップをし、竹串がすっと通るまで電子レンジで5～6分加熱する。熱いうちにつぶし、ミックスベジタブル½カップ、牛乳小さじ2、塩・こしょう各少々、コンソメ（顆粒）小さじ½、カレー粉小さじ2、バター15gを加えて混ぜ、冷ます。

2 1を5～6等分にし、小判形に成形する。

3 2にP51の作り方5～6同様に衣をつけ、揚げる。

作りおきも
OK!

夜仕込むと
ラク

ライスコロッケ
ケチャップライスがおいしいガッツリおかず

粉チーズを
ちょい足しすれば
手軽にコクがアップ

材料と作り方（5～6個分）

1 ボウルに温かいごはん茶碗2杯分、トマトケチャップ大さじ4、コンソメ（顆粒）小さじ½、塩・こしょう各少々、砂糖1つまみを加えて混ぜる。

2 1を5～6等分にし、1cm角に切ったプロセスチーズを1個ずつ入れて包み、ピンポン玉大に丸める。

3 2にP51の作り方5～6同様に衣をつけ、揚げる。パセリ（みじん切り）・粉チーズ各適量をかけ、好みでトマトケチャップ適宜をつける。

作りおきも
OK!

朝から
10分

03

安納いものスイーツコロッケ

外はサクッ!中はしっとり、甘くておいしい

粘りけのある濃厚な
安納いもを使った
絶品おかずスイーツ

04

材料と作り方(5〜6個分)

1 **安納いも3個**は皮を厚めにむいて、一口大に切り、水に5
分ほどさらす。耐熱ボウルに入れてラップをし、竹串がすっ
と通るまで電子レンジで5〜6分加熱する。熱いうちにつ
ぶし、**塩2つまみ**、**バター10g**を加えて混ぜ(少しかたい
ようなら牛乳を小さじ2ほど加減して加える。甘みが足り
ないようなら砂糖やメープルシロップを少量加えても
OK)、冷ます。

2 1を5〜6等分にし、ピンポン玉大に丸める。

3 2にP51の作り方**5〜6**同様に衣をつけ、揚げる。

05

コーンの
みずみずしい
食感も◎

ポテトコーンチーズコロッケ

コーンの甘みがチーズとマッチ!

材料と作り方(5〜6個分)

1 **じゃがいも中3個**はP51同様に加熱し、熱いうちにつぶし、
汁けをきった**コーン½缶(80g)**、**ピザ用チーズ50g**、**牛乳
小さじ2**、**塩・こしょう各少々**、**バター10g**を加えて混ぜ、
冷ます。

2 1を5〜6等分にし、俵形に成形する。

3 2にP51の作り方**5〜6**同様に衣をつけ、揚げる。

たらとゆで卵のコロッケ

たらの旨味と卵のコクの相性バッチリ

P22のせりマヨネーズ
をつけて食べると
おいしい!

06

材料と作り方(8〜10個分)

1 **生たら(切り身)1切れ**は塩ゆでして水けをきり、皮、骨
などを取り除き、身をほぐす。**玉ねぎ⅙個**はみじん切りに
し、サラダ油適量で炒める。**ゆで卵2個**は粗みじん切りに
する。

2 **じゃがいも中3個**はP51同様に加熱し、熱いうちにつぶし、
1、**パルメザンチーズ大さじ2**、**生クリーム大さじ1**、**塩
小さじ1**、**こしょう少々**を加えて混ぜ、冷ます。

3 2を8〜10等分にし、丸める。

4 3にP51の作り方**5〜6**同様に衣をつけ、揚げる。

鶏手羽中と野菜の煮物

お弁当に入っているとほっこりとした気持になれる煮物は、和風おかずの定番。
旨味たっぷりの手羽中とよ〜く味がなじんだ根菜を存分に味わって。

作りおきも OK!　夜仕込むとラク

材料 (3〜4回分)

鶏手羽中…10本

にんじん…小1本

干ししいたけ(水200mlで戻す)…3枚

さやいんげん(筋を取り除き、さっと塩ゆでする)…4本

ごぼう(下の部分)…½本

れんこん…小1節

結びしらたき…6個

A　しいたけの戻し汁とだし汁を合わせたもの…1カップ

酒…50ml

B　砂糖…大さじ2
みりん…大さじ2
しょうゆ…大さじ2

好みの植物油…小さじ2

冷めるときに味が染み込むから夜に作っておくと◎

point

夜作っておくとよく味が染みる!

煮物は朝作ってもいいですが、夜作っておくと、味がよく染み込んでさらにおいしくなるので、夜のうちに作るのがおすすめです。多めに作って、夕ごはんのおかずにすると、無理なく食べきれますよ。

作り方

1
野菜を切る

にんじんは乱切りにし、しいたけは食べやすい大きさのそぎ切りにする。さやいんげんは3等分の斜め切りにする。

4
根菜、しいたけを加えて炒める

水けをきった2を加えて炒め、透明感が出たら、しいたけを加えて炒める。

2
根菜を切り、酢水にさらす

ごぼうとれんこんは乱切りにし、5分ほど酢水にさらす。

5
Aとしらたきを加えて煮込む

A、しらたきを順に加え、沸騰したら弱火にし、根菜がやわらかくなるまで煮込む。

3
手羽中を焼き、にんじんを加える

鍋に植物油を弱めの中火で熱し、手羽中を焼く。カリッと焼けたら、にんじんを加えて炒める。

6
Bを加えて煮込む

Bを加え、照りが出るまで煮込み、仕上げにさやいんげんを加える。

memo

みりんとしょうゆは後から加える

Aのだし汁、酒、砂糖とBのみりん、しょうゆは一緒に入れずに分けて入れています。先に砂糖の甘みを入れ、照りになるみりんと風味になるしょうゆを後から加えることで、見た目も味もおいしい仕上がりに。

これで1〜2回分！ 完成！

味が
染み染み！

煮物バリエ6

そのままはもちろん
ごはんに混ぜても
楽しめる！

ひじき煮

ひじきだけ前日に戻しておいても！

材料と作り方（5〜6回分）

1 **ひじき（乾燥）** 15gは15分ほど水につけて戻し、水の色が澄むまでよく洗う。**油揚げ1枚**はさっと熱湯をかけて油抜きし、短冊切りにする。**にんじん⅓本**は3cm長さの短冊切りにする。

2 鍋に**だし汁½カップ、しょうゆ・砂糖・酒・みりん各大さじ2**を入れて火にかけ、煮立ったら1を加え、弱火で時々混ぜながら汁けがなくなるまで煮含める。

作りおきも
OK！
夜仕込む
とラク

電子レンジで
作れるから
その間にもう一品！

大根とほたての煮物

ほたての旨味が大根によく染みる！

材料と作り方（5〜6回分）

1 **大根¼本（約270g）**は皮をむき、2cm大の乱切りにする。

2 耐熱ボウルに1、**ほたて缶小1缶(70g／缶汁ごと使う)、水200㎖、酒大さじ1、塩小さじ½、昆布5cm角1枚、鶏がらスープの素（粉末）小さじ½**を入れ、ふんわりとラップをし、電子レンジで15分加熱する。

3 2を冷ます（冷めるときに味が染み込む）。

作りおきも
OK！
夜仕込む
とラク

里いもといかの煮物

お弁当を開けるとゆずの香りが広がる

冷凍の里いもと
輪切りいかを
使ってもラク

材料と作り方（4回分）

1 **里いも 大4個**は一口大に切り、塩揉みする（できれば下ゆでしておくとぬめりがよく取れる）。**いか（胴）1杯**は皮をむき、内臓と骨を取り除いて、1cm幅の輪切りにする。**小松菜適量**はゆでて、3cm幅に切る。

2 鍋に**だし汁200㎖、酒50㎖、砂糖大さじ1½**を入れて火にかけ、煮立ったら、里いもを加え、弱火で竹串がすっと通るまで煮る。

3 2にいか、**みりん大さじ2、しょうゆ大さじ1½**を加え、5分ほど煮て、小松菜、**ゆずの皮（せん切り）**適宜を添える。

＊いかは胴の部分だけ使うので、エンペラーや足の部分はしょうゆにつけて魚焼きグリルで焼いて食べたり、炒め物や刻んでチャーハンの具として使っても。

作りおきも
OK！
夜仕込む
とラク

01

02

03

56

揚げなすとしし唐の煮浸し
味がよく染みてトロッとしたなすが美味

油で揚げて
くたっとなった
なすは絶品!

04

作りおきも
OK!

夜仕込む
とラク

材料と作り方(3～4回分)
1 しし唐辛子6本は、竹串で全体に2～3箇所穴を開ける。なす3本は揚げる直前に、皮に格子状に切り込みを入れ、乱切りにする。
2 1を揚げ油適量で素揚げする。
3 鍋にだし汁100㎖、照り焼きのタレ(P39) 50㎖、酢小さじ1を入れて火にかけ、沸騰したら、2を加えて30秒ほど煮立て、火を止める。

05

好きな形の
生麩を使って
かわいらしく!

作りおきも
OK!

夜仕込む
とラク

がんもどき、生麩、わかめの煮物
じゅわっと溢れるだしがたまらない!

材料と作り方(3～4回分)
1 がんもどき小6個はさっと熱湯をかけて油抜きする。
2 鍋に和風だし汁2カップ、砂糖・しょうゆ・みりん・酒各大さじ2、塩小さじ⅓を入れて火にかける。煮立ったら弱火にし、1を加えて落とし蓋をし、がんもどきがくたっとなり、味が染み渡るまで15分ほど煮含める。
3 2に生麩(写真は梅麩／8㎜幅にカットしたもの) 6枚、わかめ適量を加えてさっと煮る。しょうゆ小さじ2、みりん大さじ1を加えてさっと煮立てる。

06

三つ葉の代わりに
貝割れ菜や
香味野菜も◎

焼き豆腐と鶏ひき肉の煮物
旨味たっぷりのひき肉あんが豆腐に絡む!

材料と作り方(4回分)
1 焼き豆腐1丁は8等分に切る。
2 鍋にだし汁200㎖、照り焼きのタレ(P39)大さじ4を入れて火にかけ、煮立ったら、鶏ひき肉100g、1を加える。落とし蓋をし、弱めの中火で煮汁が半量になるまで時々鍋を回しながら煮る。
3 2に水溶き片栗粉(片栗粉小さじ1強＋水小さじ2)を加えてとろみをつけたら、三つ葉(ざく切り)適量をのせる。

作りおきも
OK!

夜仕込む
とラク

五目きんぴら

甘辛味があとを引く、彩りのよい五目きんぴらは、栄養バランスもバッチリ。
口に入れると根菜のしっかりとした食感と、ちくわの旨味を感じる一品です。

作りおきも
OK！

材料 (5〜6回分)

ごぼう…½本

にんじん…½本

糸こんにゃく…100g

ちくわ…大1本

赤唐辛子(種を取り除く)
…1本(子どもが食べる
場合は入れなくてもOK)

塩…少々

照り焼きのタレ(P39)
…大さじ3

白炒りごま…適量

万能ねぎ(小口切り)…適量

ごま油…小さじ2

サブおかずでも
食べ応え十分の
満足おかず

58

作り方

1
ごぼうを切り、
酢水にさらす

ごぼうは斜め薄切りにして半分に切り、5分ほど酢水にさらす。

4
ちくわ、糸こんにゃくを炒める

3に塩をふり、ちくわ、糸こんにゃくを加え、にんじんに火が通るまで炒める。

2
具材を切る

にんじんは3mm幅の斜め切りにし、2mm幅の細切りにする。糸こんにゃくは食べやすい長さに切り、ちくわはにんじんの長さに合わせて細めに切る。

5
照り焼きのタレを加える

照り焼きのタレを加え、水分を飛ばすように炒める。

3
にんじん、
ごぼうを炒める

フライパンにごま油、赤唐辛子を入れて弱めの中火で熱し、にんじん、ごぼうを加えて透明感が出るまで炒める。

6
タレを絡めるように炒める

タレが全体に絡んだら火を止める。器に盛るまたは、お弁当箱に詰めたら白炒りごまと万能ねぎをふる。

memo

ごぼうは酢水にさらして変色を防いで

ごぼうなどのアクの強い野菜は、切ってから時間がたつと茶色く変色してしまいます。お弁当のおかずは、作ってから食べるまでに時間があるので、変色を防ぐために、切ったら酢水にさらしましょう。さらしすぎると風味が落ちるので5分くらいが目安です。

完成！

これで1回分！

きんぴらバリエ6

肉入りきんぴら
豚肉が入って食べ応えバッチリ

豚肉の旨味が
根菜に染み込んで
絶品!

01

材料と作り方(5〜6回分)
1 ごぼう1本は細切りにし、酢水に5分ほどさらす。にんじん1本は細切りにする。豚こま切れ肉100gは2cm幅に切る。
2 フライパンに植物油小さじ1を弱めの中火で熱し、豚肉を入れて炒め、塩2つまみをふる。豚肉の色が変わったら、ごぼう、にんじんを加えて炒め、しんなりして透明感が出たらみりん・しょうゆ各大さじ3、砂糖小さじ1を加え、煮絡めるように炒める。汁けがなくなったら、白炒りごま大さじ3を加えて炒める。

作りおきも
OK!

02

きのこを使って
低糖質でヘルシーな
きんぴらに

作りおきも
OK!

朝から
10分

きのことベーコンのきんぴら
お好みのきのこでアレンジしても!

材料と作り方(5〜6回分)
1 しめじ½パックは石づきを切り落とし、小房に分ける。まいたけ½パックは石づきを切り落とし、ほぐす。しいたけ2枚は軸を切り落とし、薄切りにする。ベーコン2枚は約8mm幅に切る。
2 フライパンにオリーブオイル大さじ1を中火で熱し、ベーコンを入れて炒める。脂が出たら、きのこを加えて炒め、しんなりして透明感が出たらみりん・しょうゆ各大さじ2を加え、煮絡めるように炒める。汁けがなくなったら、パセリ(みじん切り)適量を加える。

れんこんと桜えびのきんぴら
れんこんの歯応えと桜えびの風味が◎

材料と作り方(5〜6回分)
1 れんこん小2節は皮をむき、5mm幅の半月切りにし、酢水に5分ほどさらす。
2 フライパンに植物油小さじ2を弱めの中火で熱し、1を入れて炒め、塩を2つまみをふる。れんこんに透明感が出てきたら桜えび大さじ2を加えて炒め、しんなりしたらみりん大さじ2、塩2つまみを加えて煮絡めるように炒める。最後に青のり適宜をふる。

青のりをまぶして
さらに香りよく
仕上げて

03

作りおきも
OK!

さつまいものきんぴら

味つけは塩だけ！さつまいものやさしい甘味が引き立つ

大学いも風の
デザート感覚で
食べられる

04

材料と作り方（5〜6回分）

1 さつまいも小1本は皮つきのまま6cm長さのスティック状に切る。

2 フライパンにごま油小さじ2を中火で熱し、1を入れて炒め、塩2つまみをふる。さつまいもの色が変わり、しんなりして透明感が出たらみりん大さじ2、塩2つまみを加えて煮絡めるように炒める。汁けがなくなったら、黒炒りごま大さじ1を加えて炒める。

作りおきも
OK!

朝から
10分

05

練り物の
さつま揚げを使って
ボリュームアップ

豚肉とさつま揚げ、刻み昆布のきんぴら

豚肉はこま切れ肉や薄切り肉を使ってもOK

作りおきも
OK!

夜仕込むと
ラク

材料と作り方（5〜6回分）

1 豚バラブロック肉150gは拍子木切りにし、塩2つまみを揉み込む。刻み昆布30gは水で洗ってザルにあげておく。にんじん½本は拍子木切りにする。しょうが(薄切り) 4枚はせん切りにする。さつま揚げ1枚は約8mm幅の細切りにする。

2 フライパンに植物油小さじ1を中火で熱し、豚肉を入れ、脂を出すように炒める。にんじん、刻み昆布、しょうがを加えて炒め、油がまわったらさつま揚げを加えて炒める。

3 2に砂糖大さじ2、酒50ml、水100ml、しょうゆ大さじ2を回し入れ、弱めの中火で煮絡める。

無限に食べられる
やみつきの
おいしさ！

06

ピーマンとじゃこのきんぴら

ピーマンの苦味とじゃこの旨味が相性抜群

材料と作り方（5〜6回分）

1 ピーマン3個は細切りにする。

2 フライパンに植物油小さじ1を中火で熱し、1、ちりめんじゃこ大さじ1強を加えて炒め、しんなりして透明感が出たらみりん大さじ1、しょうゆ小さじ2を加えて煮絡めるように炒める。

作りおきも
OK!

朝から
10分

ポテトサラダ

作りおきも OK!

夜仕込むとラク

ほくっとしたじゃがいもと、きゅうりと紫玉ねぎのシャキッとした食感の
ポテトサラダは子どもから大人まで人気のおかずです。
オリーブオイルを加えて程よくしっとり仕上げました。

材料 (多めの7〜8回分)

じゃがいも…3個
紫玉ねぎ…⅙個
きゅうり…1本
ハム…3枚
ゆで卵…3個
A 塩…小さじ½
　こしょう…少々
マヨネーズ…大さじ山盛り3
オリーブオイル…大さじ1

マヨネーズと
オリーブオイルで
風味豊かに

作り方

1
じゃがいもを加熱する
じゃがいもは8等分に切って5分ほど水にさらし、耐熱ボウルに入れ、ふんわりとラップをして竹串がすっと通る程度に電子レンジで6分加熱する。

2
きゅうりを切り、塩揉みする
きゅうりは輪切りにし、塩1つまみをふって揉み込み、5分ほどおく。

3
具材の下ごしらえ
玉ねぎは薄切りにして塩揉みし、水けをきる。ゆで卵は手でざっくりと崩す。きゅうりは水けを絞る。ハムは短冊切りにする。

4
じゃがいもを熱いうちにつぶす
1のじゃがいもが熱いうちにつぶし、Aを加える。

5
マヨネーズを加える
4が少し冷めたらマヨネーズを加えてさっくり混ぜ、オリーブオイルを加える。

6
具材を加えて和える
3を加えて和える。

これで1回分！

完成！

memo
たっぷり作って
朝、夜のおかずにも
ポテトサラダはじゃがいもの皮をむいて加熱し、つぶして、野菜を切ってなど、意外に工程が多いので、まとめてたっぷり作っておくのがおすすめです。お弁当だけでなく、夜ごはんや朝ごはんのおかずとしても楽しみましょう。

じゃがいもとさつまいもで ポテトサラダバリエ6

ほんのり香る
青じそで
さわやかに!

01

さつまいもと青じそ、紫玉ねぎのサラダ

シャキッとした紫玉ねぎの食感がアクセント

材料と作り方(多めの7〜8回分)

1 さつまいも1本は皮ごと1cm幅の半月切りにし、10分ほど水にさらし(時間がなければさっとでOK)、耐熱ボウルに入れてふんわりとラップをし、竹串がすっと通るまで電子レンジで5分30秒加熱する。紫玉ねぎ¼個を薄切りにし、塩揉みして水けをきる。ハム3枚は長さを3等分に切り、約8mm幅に切る。

青じそ5枚は縦半分に切り、横に細切りにする。

2 ボウルに1を入れ、フレンチドレッシング適量を加えて和える。

フレンチドレッシングの材料と作り方
(作りやすい分量)
米酢大さじ1、レモン汁大さじ2、フレンチマスタード小さじ1、塩大さじ½、こしょう少々、オリーブオイル120㎖を混ぜる。

作りおきもOK! 夜仕込むとラク

02

カリフラワーと
えびで違う
食感を楽しめる

作りおきもOK! 夜仕込むとラク

えびとカリフラワー入り ゆずこしょう風味ポテサラ

ゆずの皮が入って香り高いポテサラ!

材料と作り方(多めの7〜8回分)

1 じゃがいも2個は一口大に切り、5分ほど水にさらし(時間がなければさっとでOK)、耐熱ボウルに入れ、ふんわりとラップをし、竹串がすっと通る程度に電子レンジで5分加熱する。カリフラワー¼個は小房に分け、さっと塩ゆでする。ゆずの皮⅙個分は白い部分を取り除き、せん切りにする。ゆでえび6尾は3等分に切る。

2 1のじゃがいもを熱いうちにつぶし、残りの1、ゆずこしょう小さじ1、フレンチドレッシング(上記)大さじ3を加え、和える。

さつまいもの粒マスタードサラダ

マヨネーズとヨーグルトでコクがアップ

材料と作り方(多めの7〜8回分)

1 さつまいも1本は皮をむいて小さめの一口大に切り、10分ほど水にさらし(時間がなければさっとでOK)、耐熱ボウルに入れてふんわりとラップをして竹串がすっと通る程度に電子レンジで7分加熱する。

2 粒マスタード大さじ2、マヨネーズ大さじ4、プレーンヨーグルト大さじ2を混ぜ合わせる。

3 1の粗熱が取れたら、2を加えて和える。

03

粒マスタードの
アクセントが
クセになる!

作りおきもOK! 夜仕込むとラク

ひじきと枝豆、カッテージチーズのポテサラ

栄養バランス◎のおしゃれな和風ポテサラ

カッテージチーズを使ってヘルシーにコクを出して

04

材料と作り方（多めの7〜8回分）

1 じゃがいも2個は一口大に切り、5分ほど水にさらし（時間がなければさっとでOK）、耐熱ボウルに入れてふんわりとラップをし、竹串がすっと通る程度に電子レンジで5分加熱する。
2 ひじき（乾燥）15gは水で戻し、さっとゆでて冷まし、水けをきる。ハム2枚は3等分に切ってから、細切りにする。
3 1のじゃがいもを熱いうちにつぶし、2、ゆで枝豆（鞘から出したもの）½カップ、カッテージチーズ大さじ3、フレンチドレッシング（P64）大さじ3を加え、和える。

05

サワークリームとディルの風味がよく合う一品！

たこのパプリカパウダーマヨポテサラ

ディルがさわやか！ワインのお供にもおすすめ

材料と作り方（多めの7〜8回分）

1 じゃがいも2個は一口大に切り、5分ほど水にさらし（時間がなければさっとでOK）、耐熱ボウルに入れてふんわりとラップをし、竹串がすっと通る程度に電子レンジで5分加熱する。ゆでだこ（足）1本は食べやすく切る。
2 マヨネーズ大さじ2、サワークリーム大さじ1（水きりヨーグルト、または裏ごしタイプのカッテージチーズでもOK）、塩・こしょう各少々は混ぜ合わせる。
3 1のじゃがいもに、たこ、ディル適量、2を加えて和え、パプリカパウダー少々をふる。

紫さつまいもとあんずのクリームチーズサラダ

甘さがたまらない！子どものおやつにしても

酢を入れると紫色がきれいに出るから◎

06

材料と作り方（多めの7〜8回分）

1 紫さつまいも1本（約200g）は一口大に切り、5分ほど水にさらし（時間がなければさっとでOK）、耐熱ボウルに入れてふんわりとラップをし、竹串がすっと通る程度に電子レンジで5分加熱する。ドライあんず4個は放射状に6等分に切り、くるみ（炒ったもの）大さじ2は粗く刻む。クリームチーズ60gは8mm角に切る。
2 1のさつまいもを熱いうちにつぶし、塩・こしょう各少々、はちみつ小さじ2、酢小さじ2、オリーブオイル大さじ2、ドライあんず、くるみを加えて混ぜる。
3 2の粗熱が取れたら、クリームチーズを加えて混ぜ、一口大に丸める。

かぶときゅうりとにんじんの浅漬け

さっぱり食べられる浅漬けは、箸休めとしてもおすすめですが、
お弁当のすき間埋めや、彩りアップにも活躍してくれるおかずです。
季節の野菜やお好みの野菜で楽しんで。

作りおきも OK!

夜仕込むとラク

材料 (5〜6回分)

かぶ…1個
きゅうり…1本
にんじん…小1本
A 昆布だし汁…200㎖
　昆布茶…小さじ2
　砂糖…小さじ1
　薄口しょうゆ…大さじ1
酢…小さじ1

ポリポリの食感が
クセになる!
さっぱり漬け物

作り方

1

鍋でAを沸騰させる
鍋にAを入れて火にかけ、沸騰させて塩と砂糖を溶かす。

2

野菜を切る
かぶは8等分のくし形切りにする。にんじんは斜め薄切りにし、縦半分に切る。きゅうりは5mm幅の斜め切りにする。

3

保存袋に1を注ぐ
1が冷めたらジッパーつき保存袋に注ぐ。

4

野菜を入れる
3に2の野菜を入れる。

5

酢を加える
4に酢を加え、全体になじませる。

6

袋を閉じて、冷蔵庫におく
袋の空気を抜いて口を閉じ、冷蔵庫で一晩漬ける。

memo

漬け込みたいから夜作っておく!

漬け物は朝作るよりも、夜のうちに作っておくほうが、しっかり味がなじんでおいしくなるので、前日に作っておくのがおすすめです。夜漬け込んだ浅漬けは、朝ごはんのおかずとしてもピッタリ!ポリポリの食感を楽しんでください。

完成!

これで1回分!

著休めにあると うれしい 浅漬けバリエ6

白菜と糸昆布のゆず皮漬け

ゆずの香りがさわやか!

糸昆布の旨味が白菜に染み込んで美味!

材料と作り方(5〜6回分)

1 白菜⅙個は軸と葉の部分に分け、食べやすく切ってジッパーつき保存袋に入れる。塩小さじ1½を加えて袋の上から揉み、水分が出るまでおく(できれば3〜4時間くらい)。

2 1の水けをよくきり、糸昆布5g、ゆずの皮(白い部分を取り除いてせん切り)適量、赤唐辛子(種を取り除く)1本を加え、混ぜる。

作りおきもOK! 朝から10分

02

たくさん買ってあまった青じそはピリ辛漬けに!

青じそのピリ辛漬け

しっかり味で、ごはんにのせて食べるとおいしい!!

材料と作り方(5〜6回分)

1 保存容器に青じそ20枚、にんにく(つぶす)½かけ分、赤唐辛子(種を取り除く)1本、しょうゆ大さじ1、ごま油小さじ1、白炒りごま小さじ1を入れて漬け込む。

作りおきもOK! 夜仕込むとラク

03

キャベツときゅうりの塩昆布漬け

塩昆布で味つけ簡単&失敗知らず!

細切りにしたにんじんや青じそを加えてアレンジしても

材料と作り方(5〜6回分)

1 キャベツ⅙個は1口大に切り、きゅうり1本は斜め切りにする。

2 1に塩3つまみをふり、よく揉み込む。しっかりと水けを絞ったら保存容器に入れ、塩昆布大さじ2、白炒りごま小さじ2を加え、混ぜる。

作りおきもOK! 朝から10分

04

みょうがの甘酢漬け
やさしい色合いでお弁当の彩りアップ

すっぱくなりすぎない
甘酢漬けだから
子どもも食べやすい

材料と作り方（5〜6回分）

1 ジッパーつき保存袋に米酢½カップ、砂糖50g、塩小さじ ¼、水大さじ1を入れて混ぜる。

2 みょうが6本を30秒ほど熱湯にさらして取り出し、熱い うちに1に加える。袋の空気を抜いて口を閉じ、完全に冷 めたら冷蔵庫に入れて冷やす。2〜3日漬けるとよく味が なじむ。

作りおきも
OK!

夜仕込む
とラク

05

箸休めにぴったり！
カリカリとした
大根の食感が◎

塩揉み大根と青じそのごま漬け
噛むたびにごまの香ばしさが広がる

材料と作り方（5〜6回分）

1 大根5cm（約280g）はマッチ棒より少し太いくらいの細切 りにし、塩小さじ¼弱を揉み込み、水けを絞る。青じそ4 枚は縦半分に切り、横に細切りにする。

2 保存容器に1、白炒りごま大さじ1を入れて和える。

作りおきも
OK!

朝から
10分

06

きゅうりとかぶの麹漬け
ポリポリ食感で止まらないおいしさ

塩麹と甘酒で
やさしい味わいの
仕上がり！

材料と作り方（5〜6回分）

1 きゅうり2本は5mm幅の斜め切りにする。かぶ2個は皮を むき、8等分のくし形切りにする。

2 ジッパーつき保存袋に1、塩麹大さじ2½、甘酒（濃縮タイ プ）大さじ1½を入れ、揉み込む。30分後くらいから食べ られる。

作りおきも
OK!

夜仕込む
とラク

簡単&すぐできる！
お手軽おかず①

メインのおかずになる、肉と魚介の簡単おかず！
時間がない朝でもパパッと短時間で作れます。

焼肉のタレで
失敗知らずに
おいしく完成！

ごま焼肉

はちみつを入れた甘辛ダレがよく絡んで美味！

作りおきもOK! / 朝から10分

材料と作り方（1〜2回分）
1 フライパンに植物油適宜を熱し、好みの焼肉用の肉6枚を入れて焼き、出てきた脂をペーパータオルで拭き取る。焼肉のタレ大さじ1、はちみつ小さじ½を加えて絡め、白炒りごま小さじ1を加え、混ぜる。

しょうゆ味で
ごはんが進む
おかず！

作りおきもOK! / 朝から10分

ほたてと
とうもろこしのしょうが炒め

ほたての旨味とコーンの甘みが引き立てあう

材料と作り方（2回分）
1 フライパンにごま油小さじ2を熱し、ほたて貝柱（刺身用）6個、とうもろこし1カップ（生・缶詰・冷凍なんでもOK）、しょうが（すりおろし）チューブ1cmを入れ、強火で炒める。ほたてに火が通ったら、だししょうゆ大さじ1を回しかける。

ひき肉は
切る手間がない
からラク！

鶏ひき肉の
エスニック炒め

ナンプラーで手軽にエスニック風！

作りおきもOK! / 朝から10分

材料と作り方（2〜3回分）
1 パプリカ・玉ねぎ各½個は粗みじん切りにする。
2 フライパンに植物油小さじ1を熱し、鶏ひき肉200gを入れて炒め、1を加えて炒め、塩・こしょう各少々をふり、オイスターソース・ナンプラー各大さじ1を加えて炒める。バジルの葉（刻む）10枚分を加え、さっと炒める。

ガッツリ
食べたいときに
おすすめ

豚のしょうが焼き

漬け込み時間カット！
チューブを使って手軽に

材料と作り方（2回分）
1 豚ロース薄切り肉（しゃぶしゃぶ用でもOK）150gは、大きければ食べやすい大きさに切る。
2 フライパンに植物油小さじ1を中火で熱し、1を入れて炒め、火が通ったらみりん大さじ1、しょうゆ小さじ2、砂糖小さじ½、塩少々、しょうが（すりおろし）チューブ1cmを加え、汁けがなくなるまで炒める。冷水にさらしたしょうが（せん切り）適宜を添える。

作りおきもOK! / 朝から10分

冷凍いかで
面倒な下処理
なしで作れる

いかの山椒和え

山椒を使ってパンチのきいた味つけに！

材料と作り方（2回分）
1 カットいか（冷凍）200gは、できれば前日の夜から冷蔵庫内で自然解凍し、水けをペーパータオルで拭き取る。
2 フライパンに植物油小さじ1を中火で熱し、1を入れて炒める。火が通ったら、だししょうゆ大さじ1を加えて絡め、山椒の粉小さじ1をふる。

作りおきもOK! / 朝から10分

PART 2
メインおかずの
バリエーション

お弁当のメインになるおかずをたっぷりご紹介。
ストックしておくと便利な肉だねのおかずから、
節約中にうれしい安肉を使ったおかずなど、
毎日のお弁当はもちろん、朝、夜のごはんのおかずとしても
いろいろなシーンで活躍してくれるはず。
バリエーションを変えて、マンネリ化を解消しましょう。

ど定番のボリューム弁当①

野菜の肉巻きと
さばの塩焼き弁当

野菜たっぷりで栄養バランスバッチリのお弁当。
野菜を肉で巻いたり、甘めのごま和えにすれば、
野菜が苦手な人でもグッと食べやすく
なるので、おすすめです。

野菜の肉巻き →P28

れんこんといんげんと
焼き油揚げの
ごま和え →P181

梅ひじき →P20

ごはん

卵焼きの天ぷら
→P96

ケチャップウインナー
→P16

さばの塩焼き →P89

memo

**彩りを工夫して
ワクワクするお弁当に！**

前日少しだけ余った卵焼きを、翌日天ぷらに
すれば、立派な一品に変身です。魚だけでなく、
彩りにケチャップウインナーを詰めたり、自家
製梅ひじきに入っているカリカリ梅が、キラキ
ラッと見えるのもワクワクするポイントです。

\ time table /

	前日	start		5		10		15	
野菜の肉巻き	肉で巻く						焼く		
さばの塩焼き	魚とレモンを切る		焼く			レモンをのせる			
卵焼きの天ぷら	卵焼きを作る			衣をつける	揚げる				詰める
ケチャップウインナー	－		切る		焼く				
れんこんといんげんと焼き油揚げのごま和え	前日の夕食から								
梅ひじき	作りおき							ごはんを盛ってのせる	

ど定番のボリューム弁当②

えびフライと煮込み ハンバーグ弁当

memo

作りおきや前日のおかずで 簡単豪華弁当！

我が家では「お弁当に入れたい！」とリクエストがあるおかずを、ちょこちょこ取り分けて冷凍しています。えびフライとハンバーグ、この2つがそろったら解凍してお弁当へ。他には、えびチリ＆しゅうまいなどの中華詰め合わせ弁当も人気です。

こんなお弁当があったらいいな！の夢を詰め込んだ
お弁当。朝から全てを作るのは大変だけど、
前日の残りやストックしておいたおかずを
使えば簡単に豪華なお弁当が完成します。

春菊とドライクランベリーと
くるみのサラダ →P124

かぼちゃとゆで卵の
サラダ →P178

えびフライ →P90＆
タルタルソース →P22

煮込みハンバーグ →P49

夏野菜のグリルマリネの
ミニトマト →P120

パセリコーン炒め →P128

ごはん

time table

	前日	start		5		10		15
えびフライ＆タルタルソース	衣をつける、タルタルソースは作りおき	揚げる						詰める
煮込みハンバーグ	前日の夕食から	レンチン						
パセリコーン炒め	-			炒める				
春菊とドライクランベリーとくるみのサラダ	-					切る	和える	
夏野菜のグリルマリネのミニトマト	作りおき							
かぼちゃとゆで卵のサラダ	作りおき							

ど定番のボリューム弁当③

のり巻きと
冷やしうどん弁当

暑い日にうれしい冷やしうどんのお弁当に、
太く焼いた卵焼きとたらこをごはん少なめで巻いた
のり巻きもつけてボリューム抜群！
冷凍しておいた麺つゆは、保冷剤代わりにもなりますよ。

memo

卵、たらこ、冷凍うどんを
常備しておく

「うわぁ！明日お弁当のおかずが何もない！」と
いうときは、冷凍うどんが大活躍。そこに冷凍
しておいた酢めしで、のり巻きもつけちゃいまし
た。かき揚げは冷蔵庫にある食材を集めれば
OK！夜に材料を切っておき、朝、お弁当に必
要な分だけ揚げれば、時間もかかりません。

スティックささみフリット
→P80

厚焼き卵とたらこのり巻き
→P140

とうもろこしとえびと
ピーマンのかき揚げ →P94

うどん

かまぼこ・青じそ

\time table/

	前日	start		5		10		15
厚焼き卵とたらこのり巻き	卵焼きを作る			ご飯をレンチン	巻いて切る			
うどん	麺つゆを冷凍	ゆでる&万能ねぎを切る					詰める	
スティックささみフリット	切る	衣を作る	揚げる					
とうもろこしとえびと ピーマンのかき揚げ	切る	衣を作る	揚げる					
かまぼこ	-			切る				

ど定番のボリューム弁当④

肉じゃがと春巻き、ソーセージおにぎり弁当

手作りのお弁当のいいところは、
大好きなおかずをたくさん詰め込めること!
肉じゃが、春巻き、ボリューミーなおにぎりと、
ワクワクするお弁当です。

肉じゃが →P104

ソーセージ卵おにぎり →P138

五目春巻 →P92

ツナちくわ →P162

大根のザクロ酢漬け →P17

小松菜としらすのナムル→P106

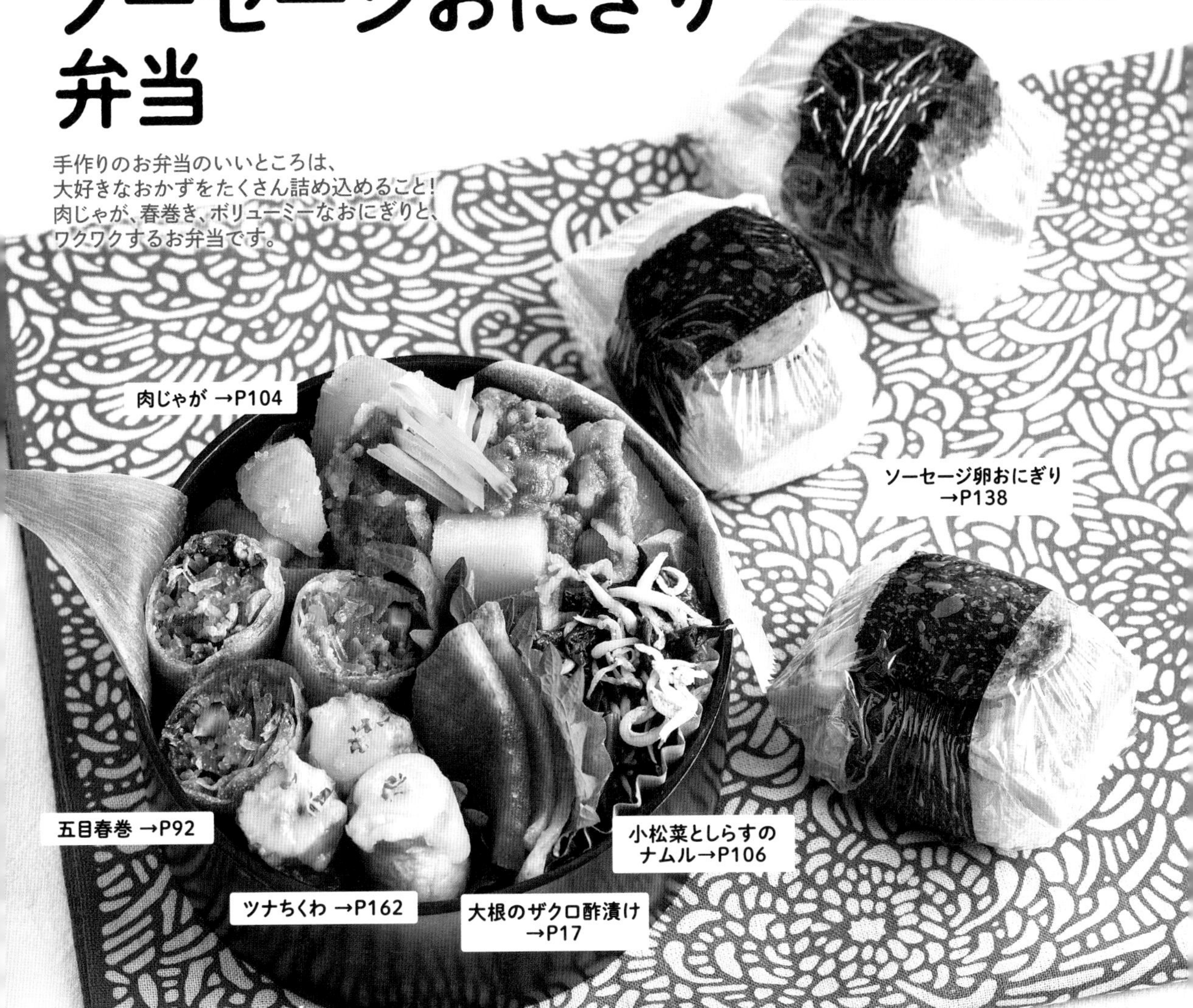

time table

	前日	start	5	10	15
ソーセージ卵おにぎり	-	ソーセージを切り、卵を溶く	焼く	にぎる	
ツナちくわ	-	切って詰める	焼く		
大根のザクロ酢漬け	作りおき				詰める
肉じゃが	前日の夕食から	レンチン			
五目春巻き	作りおき	レンチン			
小松菜としらすのナムル	作りおき				

基本の肉だねは、混ぜる具と形を変えてバリエーション

基本の肉だねさえあれば、つくねや肉詰め、メンチカツなど、いろいろなおかずに大変身。
鶏ひき肉を使っているからさっぱりと食べられます。ストックしておくととにかく便利！

混ぜる具を変えて
つくねのバリエーション！

> 松の実の
> プチプチ食感が
> 楽しい！

基本の肉だね

材料(作りやすい分量)

鶏ひき肉…200g	酒…小さじ1½
玉ねぎ(みじん切り)…¼個分	塩…少々
卵…小1個	片栗粉…小さじ1½
しょうゆ…小さじ1½	

冷蔵	3〜4日	冷凍	2週間

松の実入りつくね

松の実のコクと甘辛ダレがよく合う！

材料と作り方(2〜3回分)

1 ボウルに基本の肉だね全量、松の実大さじ3を入れる。
2 1を白っぽく粘りがでるまでよく混ぜ、食べやすい大きさに丸く成形する。
3 フライパンにごま油小さじ1½を熱し、2を入れて弱めの中火で中まで火が通り、おいしそうな焼き色がつくまでじっくり焼く。
4 3を一度取り出し、照り焼きのタレ(P39)大さじ3を加え、ふつふつと煮立ったら、つくねを戻し入れ、タレと絡める。

作りおきもOK！ 朝から10分 肉だねがあれば

青豆入りつくね

ふんわりつくねに青豆の食感がアクセント

> 豆が苦手な
> 子どもでも
> 食べやすい！

材料と作り方(2〜3回分)
ボウルに基本の肉だね全量、塩ゆでした青豆適量(写真はグリーンピース。枝豆やそら豆などでもOK)を入れ、松の実入りつくねの作り方2〜4と同様に作る。

作りおきもOK！ 朝から10分 肉だねがあれば

column

肉だねを使わないヘルシーつくね

ベジつくね(れんこん団子)

じゃこの風味ともっちり食感でおいしい!

平たく丸めて
揚げ焼きにしても
おいしい

材料と作り方(3～4回分)

1 れんこん大1個(300g)はすりおろす。青じそ10枚はせん
  切りにする。
2 ボウルに1、ちりめんじゃこ25g、白炒りごま大さじ1、
  卵½個、片栗粉大さじ4、塩1つまみ、しょうゆ大さじ½
  を入れて混ぜる。
3 2をスプーンなどですくいながら丸く成形し、揚げ油適量
  で色よく揚げる。

作りおきも
OK!

夜仕込む
とラク

茶色いおかずには
青じその緑色で
栄養と彩りをアップ

青じそとえび入りつくね

ぷりっとしたえびの食感と青じその風味が◎

材料と作り方(2～3回分)

1 基本の肉だねの鶏ひき肉を100gに変える。むきえび
  100gは粗く刻む。青じそ5枚はせん切りにする。
2 ボウルに1を入れ、松の実入りつくねの作り方2～4と同
  様に作る。

作りおきも
OK!

朝から
10分

肉だねがあれば

ごぼう入りつくね

ごぼうの噛み応えで満足感バッチリ

ごぼうの風味を
しっかり感じて
おいしい!

材料と作り方(2～3回分)

1 ごぼう15cm長さはささがきにする。
2 ボウルに基本の肉だね全量、1を入れ、松の実入りつくね
  の作り方2～4と同様に作る。

作りおきも
OK!

朝から
10分

肉だねがあれば

つくね以外にも 形 を変えて バリエーション！

しいたけの風味が
ジュワッと染み出て
冷めてもおいしい

しいたけ肉詰め

肉厚で噛むたびにジューシー！

材料と作り方（2〜3回分）

1 **基本の肉だね（P76）**全量は粘りが出る
　までよく混ぜる。

2 **しいたけ6枚**（あまり大きくないもの）
　は軸を取り除き、カサの内側に**薄力粉**
　適量をふる。そこに**1**を詰める。

3 フライパンに**植物油**適量を弱めの中火
　で熱し、**2**を肉側を下にして入れる。
　焼き色がついたらひっくり返し、蓋を
　して火が通るまで焼く。好みで半分に
　切る。

作りおきも
OK!
朝から
10分
肉だねがあれば

キャベツで
ボリュームアップ！
食べ応え抜群

キャベツを入れて
鶏メンチかつ

鶏肉だからさっぱり食べられる！

材料と作り方（2〜3回分）

1 ボウルに**基本の肉だね（P76）**全量、
　キャベツ（せん切り）適量を入れてよく
　混ぜ、小判形に成形する。

2 **1**に**薄力粉・溶き卵・パン粉**各適量の
　順に衣をつけ、180℃の**揚げ油**適量で
　色よく揚げる。

作りおきも
OK!
夜仕込む
とラク

すし酢を使って簡単に中華風アレンジ！

中華風肉団子

とろみのある甘辛ダレがよく絡んで、ごはんが進む

材料と作り方（2〜3回分）
1 基本の肉だね（P76）全量は粘りが出るまでよく混ぜ、一口大に丸め、ゆでるまたは揚げて火を通す。
2 照り焼きのタレ（P38）とすし酢（P136酢めしの作り方2）を3：2の割合で合わせ、甘酢を作る。
3 フライパンに2を入れて強火にかけ、ふつふつとしてきたら1の肉団子を加えて絡め、水溶き片栗粉（片栗粉小さじ1＋水小さじ2弱）を加え、とろみをつける。

肉だねがあれば

ごま油で香ばしく焼いて召し上がれ

れんこんはさみ焼き

シャキシャキのれんこんの歯応えが楽しい

材料と作り方（2〜3回分）
1 れんこん適量は3mm幅の輪切りに16枚切る。基本の肉だね（P76）全量は粘りが出るまでよく混ぜる。
2 れんこんに肉だねを挟む。
3 フライパンにごま油適量を弱めの中火で熱し、2を入れて火が通り、両面に焼き色がつくまで焼く。好みで半分に切る。

肉だねがあれば

卵焼き用のフライパンで焼くのがおすすめ！

大きく焼いて、ねぎダレまみれ

成形するのが面倒なときにおすすめの一品！

材料と作り方（2〜3回分）
1 基本の肉だね（P76）全量は粘りが出るまでよく混ぜる。
2 フライパンに植物油適量を中火で熱し、1を入れて全体に広げ、焼き色がついたら裏返して両面焼く。
3 2を食べやすい大きさに切り、ねぎダレ（P44）適量をかける。

作りおきもOK! 朝から10分 肉だねがあれば

給料日前の安肉お助けバリエ

家計にやさしい鶏ささみ&鶏むね肉&豚こま切れ肉&豚ひき肉は、節約したいときに大活躍!
焼く、ゆでる、炒める、揚ると、バリエーション豊富においしくいただけるレシピをご紹介。

鶏ささみ

淡白な味わいのささみは、

アレンジの幅が広がる食材。

ゆでささみにして

ストックしておくと便利です。

炭酸水が
ペチャッとするのを
防いでくれる!

スティックささみフリット

ふわサクッの食感と青のりの風味で美味!

材料と作り方(4回分)
1 鶏ささみ4本は筋を取り除き、縦半分に切り、塩少々、コンソメ(顆粒)小さじ¼、砂糖・こしょう各少々、酒小さじ1を順にまぶす。
2 ボウルに天ぷら粉大さじ4、青のり大さじ1、炭酸水大さじ3〜4を入れ、混ぜる。
3 1を2にくぐらせ、180℃の揚げ油適量でカリッと揚げる。

作りおきも OK!　夜仕込むとラク

ピリ辛が苦手な
子どもには
ごま油に代えても

ささみとねぎと
ザーサイの和え物

中華風な味つけで、おつまみにもおすすめ!

材料と作り方(4回分)
ボウルにゆでささみ(食べやすくさく)3本分、ザーサイ20g、長ねぎ(小口切り)5cm分(できれば水にさらす)、塩少々、白炒りごま小さじ2、薄口しょうゆ・ラー油各小さじ1を入れ、和える。

> ゆでささみの材料と作り方
> (作りやすい分量)
>
> 小鍋に水1ℓ、しょうが(薄切り)3枚、長ねぎの青い部分1本分、にんにく(つぶす)1かけ分、塩小さじ1(またはナンプラー大さじ1。中華風に合う!)を入れて火にかける。沸騰したら弱火にし、鶏ささみ6本を加え、5分ほど加熱し、そのまま冷ます。

作りおきも OK!　朝から10分

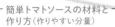

鶏むね肉

低カロリーでヘルシーな

鶏むね肉。パサつかずに、

しっとりやわらかく仕上げて

召し上がれ。

鶏むね肉のピカタ

ズッキーニやれんこん、えび、白身魚で作っても◎

材料と作り方(3〜4回分)

1 鶏むね肉1枚は厚みが均等になるように包丁で切り込みを入れ、薄くそぎ切りにし、一口大に切り、塩・こしょう各少々ふる。

2 ボウルに卵1個、塩・こしょう各少々、牛乳(あれば)・乾燥バジル各小さじ1を入れて混ぜ、1をくぐらせる。

3 フライパンにオリーブオイル小さじ1を熱し、2の鶏肉を入れて両面焼く。卵が固まったらもう一度、2の卵液にくぐらせ、焼く。これを卵液がなくなるまで(5〜6回くらい)繰り返す。

4 3に簡単トマトソース(またはトマトケチャップ)適量、乾燥バジル適量をかける。

簡単トマトソースの材料と作り方(作りやすい分量)
鍋につぶしたにんにく1かけ分、ローリエ1枚、オリーブオイル大さじ2を入れ、弱火にかけ、ふつふつとしてきたら、ホールトマト缶200g、塩2つまみを入れて5分ほど煮込み、塩・こしょう各少々で味をととのえる。

淡白なむね肉にはしっかり味のソースをかけて

作りおきもOK!

朝から10分

ロールサラダチキン

低温でゆっくり加熱するからしっとり!

材料と作り方(2〜3回分)

1 鶏むね肉1枚は厚みが均等になるように包丁で切り込みを入れる。端からのり巻きを巻くように巻き、タコ糸でしばり、筒状に形を整える。

2 鍋に白ワイン½カップ、水2½カップ、塩20g、はちみつ小さじ2、香味野菜(つぶしたにんにく・8等分くらいのくし形切りにした玉ねぎなど)適量、ローズマリー・タイム各2枝、ローリエ2枚、黒粒こしょう5粒を入れて火にかけ、煮立ったら火を止めて冷ます。完全に冷めたら1と一緒に保存袋に入れ、丸1日冷蔵庫におく。

3 鍋に湯を沸騰させずに60〜70℃を保ちながら火にかけ、2の鶏肉を袋ごと入れる。30分ほどゆっくりと加熱したら火を止め、さらにそのまま鍋の中で完全に冷ます。食べるときに食べやすい厚さに切る。

簡単なひと手間で安価とは思えないしっとり仕上げに

作りおきもOK!

夜仕込むとラク

冷蔵庫にあると便利な豚こま肉。

切らずに使えるから、

忙しい朝にパパッと使えて

時短にもなる食材です。

豚平焼き

豚肉とキャベツを卵で包んで、ボリューム満点

材料と作り方（2～3回分）

1 ボウルに薄力粉・和風かつおだし汁各¼カップ、卵1個、塩1つまみを入れ、よく混ぜる。

2 フライパン（卵焼き用のフライパンを使うと便利）に植物油小さじ1を熱し、豚こま切れ肉100gとせん切りにしたキャベツ大1枚分を炒め、半分くらい火が通ったところで一度取り出す。

3 2のフライパンに1を流し入れ、2の豚肉とキャベツをのせて卵焼きを焼く要領で、くるくると巻きながら焼く。

4 3の上にお好み焼きソース（市販）をたっぷりかけ、マヨネーズ適量を塗り、青のり・かつお節各適量をかける。食べやすい大きさに切る。

仕上げにかける
ソースが
味の決め手に！

朝から
10分

お好みの
野菜に変えれば
アレンジ広がる

豚肉と野菜の
コク旨炒め

野菜を切って炒めるだけだから簡単

材料と作り方（2～3回分）

1 玉ねぎ½個は5mm幅に切り、ピーマン1個は細切りにする。しめじ½パックは石づきを取り除き、ほぐす。

2 フライパンに植物油小さじ2を熱し、豚こま切れ肉150gと玉ねぎを入れて炒める。しんなりしてきたら塩少々をふり、ピーマン、しめじを加えて炒め、油がまわったら再度塩少々をふる。砂糖少々、しょうゆ大さじ1、酒小さじ1、こしょう少々で調味し、白炒りごま小さじ2を加えてさっと炒める。

作りおきも
OK！

朝から
10分

豚ひき肉

旨味たっぷりの豚ひき肉は、
しゅうまいや炒め物におすすめ。
肉だねにしてストックしたり、
そぼろを作ったりと楽しめます。

さっぱりしたひき肉と
しいたけの旨みが
相性ばっちり!

しゅうまい
蒸し器でも電子レンジでもどちらでも作れて便利!

材料と作り方（約10個分）

1 干ししいたけ2枚は水で戻し、みじん切りにする。玉ねぎ
½個はみじん切りにし、片栗粉大さじ1をまぶす。しゅう
まいの皮は10枚くらい用意する。

2 ボウルに豚ひき肉150g、1、しょうがのしぼり汁小さじ2
を合わせ、片栗粉・ごま油各大さじ1、砂糖小さじ2、しょ
うゆ大さじ1、塩・こしょう各少々を加えて粘りが出るま
でよく混ぜる。

3 しゅうまいの皮に2を大さじ1ずつくらいのせて包み、ガー
ゼを敷いた蒸し器に並べて10分〜15分蒸す。電子レンジ
で加熱する場合は、包んだしゅうまいを耐熱皿にのせ、水
小さじ1をかけてふんわりとラップをし、2分30秒〜3分
加熱する。

作りおきも
OK!

夜仕込む
とラク

白いごはんが
よく進む
人気の中華!

麻婆豆腐
辛いもの好きはラー油をかけたり、豆板醤を増やして!

材料と作り方（2〜3回分）

1 木綿豆腐½丁はペーパータオルで包み、耐熱皿にのせ、ラッ
プをせずに電子レンジで2分加熱して水きりし、2cm角に
切る。白ねぎ¼本はみじん切りにする。干ししいたけ2枚
は水で戻し、みじん切りにする。

2 フライパンにごま油小さじ2、にんにく・しょうが（みじ
ん切り）各小さじ½を入れて弱火にかけ、ふつふつと香り
が出てきたら豆板醤小さじ1を加えて香りが立つように炒
める。

3 2に白ねぎ、干ししいたけを加えて炒め、全体に油がまわっ
たら、豚ひき肉80gを加えて炒め、肉の色が変わったら塩・
こしょう各少々を加えて炒め、酒・水各大さじ2を加えて
煮立て、しょうゆ大さじ1、塩小さじ¼弱、砂糖小さじ2、
豆腐を加えて5分ほど煮込む。

4 3に水溶き片栗粉（片栗粉小さじ2＋水大さじ1弱）を加え
てとろみをつけ、一度沸騰させたら1分ほど水分を飛ばす
ように強めの中火で加熱する。最後にごま油小さじ1を加
えて香りをつけ、万能ねぎ（小口切り）適量を散らす。

作りおきも
OK!

夜仕込む
とラク

材料の組み合わせで楽しむ！
炒め物バリエ

何のおかずを作ろうか迷ったときは、冷蔵庫にある食材で手軽に作れる炒め物が便利。
お肉たっぷりのメインおかずから、野菜たっぷりのサブおかずまで幅広く作れます。

炒め物point

フライパンに入れたまま冷ますと、余熱で火が入りすぎてしまうので、すぐにバットや皿などに入れて粗熱を取ると◎。

豚肉は薄切り肉やこま切れ肉を使ってもおいしい

作りおきもOK! 朝から10分

ホイコーロー
シャキッとした野菜の食感が楽しめて本格的！

材料と作り方(2回分)

1 豚バラかたまり肉160gは薄く切り、塩・こしょう各少々、片栗粉大さじ1〜2をまぶす。キャベツ¼個はざく切りにする。ピーマン1個は1.5cm角に切る。

2 キャベツとピーマンをザルに入れて熱湯をかけ、水けをしっかりきる。

3 フライパンに植物油小さじ2を熱し、豚肉を炒め、色が変わったら、2を加えて炒める。全体に油がまわり、火が通ったら(しなしなになる手前)、みそ・酒・砂糖各大さじ1、しょうゆ・にんにく(すりおろし)各小さじ1、赤唐辛子(小口切り)適量を加え、水分を飛ばすように炒め、白すりごま大さじ2を加え、さっと混ぜる。

point

2の工程が面倒な場合は、省いてもOKですが、やっておくと素揚げしなくてもキャベツがシャキッとするのでおいしい。

ごはんにのせて丼弁当にするのもおすすめ！

チンジャオロースー
牛肉の旨味とたけのこの歯応えが楽しめる

材料と作り方(2〜3回分)

1 牛こま切れ肉200gは片栗粉適量をまぶす。ピーマン・赤ピーマン各1個(ピーマン2個でもOK)、ゆでたけのこ100gは細切りにする。

2 フライパンにごま油小さじ1を熱し、牛肉を炒め、火が通ったら一度取り出す。

3 2のフライパンににんにく・しょうが(みじん切り)各小さじ1を入れて弱火にかけ、香りが出るまで炒めたら、ピーマン、たけのこを加えて炒め、2を戻し入れる。しょうゆ・酒各大さじ1、オイスターソース小さじ1を加えてさらに炒める。水溶き片栗粉(片栗粉小さじ⅓＋水小さじ⅔弱)でとろみをつけ、ごま油小さじ1を回し入れる。

作りおきもOK! 朝から10分

肉とアスパラの
異なる歯応えが
相性抜群

牛肉とアスパラの
オイスターソース炒め

オイスターソースが牛肉によく絡んで
ごはんが進む

材料と作り方（2〜3回分）

1 アスパラガス1束は根元のかたい部分
を切り落とし、斜め切りにする。

2 フライパンに植物油小さじ2を熱し、
1、しょうが（みじん切り）小さじ2を
入れてさっと炒め、油がまわったら塩
少々をふる。牛こま切れ肉150g、酒
小さじ1を加えてさっと炒め、しょう
ゆ小さじ1、オイスターソース大さじ
1、こしょう少々を加えて炒める。

作りおきも
OK!

朝から
10分

桜えびで簡単に
風味と栄養を
プラスして

お弁当を
パッと彩る
にんじんのおかず

にんじんしりしり

にんじんのやさしい甘味で
パクパク食べられる

材料と作り方（2〜3回分）

1 にんじん1本は4cm長さの細切りにし、
万能ねぎ2本は小口切りにする。ツナ
缶小1缶は油をきる。

2 フライパンにごま油小さじ2を熱し、
にんじんを入れて炒め、透明感が出て
きたらツナ、酒小さじ2、塩・こしょ
う各少々を加えて炒める。にんじんが
やわらかくなったら溶き卵1個分を加
えて混ぜ、しょうゆ小さじ2、万能ね
ぎを加えて炒める。

いんげんとコーンと
桜えびの炒め物

カラフルな彩りでお弁当がパッと明るく！

材料と作り方（2〜3回分）

1 さやいんげん1パックは筋を取り除き、
斜め切りにする。

2 フライパンにごま油小さじ2を熱し、
1を加えて炒め、油がまわったら塩小
さじ¼をふり、汁けをきったコーン½
カップ、桜えび大さじ3、酒小さじ2
を加えて炒める。

作りおきも
OK!

朝から
10分

作りおきも
OK!

朝から
10分

にんじんと小松菜、ひき肉の春雨炒め

お好みの野菜でアレンジOK!ごはんが進む一品

材料と作り方（3〜4回分）

1 春雨50gはぬるま湯で戻し、食べやすい長さに切る。にんじん⅓本は細切りにし、小松菜⅓束は4cm幅に切る。しょうが（薄切り）3枚はせん切りにする。

2 フライパンにごま油小さじ2を熱し、にんじん、しょうがを入れて炒め、透明感が出てきたら、豚ひき肉100gを加えて炒める。ほぼ火が通ったら、小松菜、春雨も加えて炒め、全てに火が通ったら、塩少々をふり、酒・しょうゆ各大さじ1、砂糖小さじ½、こしょう少々を加えて炒める。水溶き片栗粉（片栗粉小さじ⅓＋水小さじ⅔）でとろみをつけ、白炒りごま小さじ2をふる。

作りおきもOK!

春雨を使えば腹持ちアップ!韓国チャプチェ風

さっぱりトマトにバジルの香りがたまらない!

鶏肉とトマトとバジル炒め

ナンプラーの味つけでエスニック風!

材料と作り方（3〜4回分）

1 鶏もも肉1枚は一口大に切り、塩・こしょう各少々をまぶす。トマト1個は8等分のくし形切りにする。バジル10枚は大きければ刻む。

2 フライパンに植物油小さじ2を熱し、鶏肉を皮目を下にして入れ、パリッと焼く。トマト、酒小さじ1を加えて炒め、トマトがとろんとしてきたら、バジルを加えてさっと炒め、ナンプラー・オイスターソース各小さじ2、砂糖小さじ1を加えて水分を飛ばすように炒める。

作りおきもOK!　朝から10分

厚揚げと豚肉の梅炒め

食べ応え満点の厚揚げを使った一品!

梅の酸味が
食欲をかきたてる!
夏のお弁当に◎

材料と作り方(3~4回分)

1 厚揚げ½丁は8等分に切る。豚バラ薄切り肉3枚は6等分の長さに切る。梅干し2個は種を取り除き、叩く。せり½束は3cm幅に切る。

2 フライパンにごま油大さじ1を熱し、厚揚げを入れて両面に焼き色をつけるように焼く。豚肉を加えてカリッとするまで炒め、塩少々をふり、梅干し、せりを加えてさっと炒め、酒・しょうゆ各大さじ1を加え、水分を飛ばすように炒める。

アレンジ

せりの代わりに、水菜や小松菜、青じそを使ってもおいしく作れます。

作りおきも
OK!

朝から
10分

緑と赤の
ピーマンを使って
色鮮やかなおかずに

作りおきも
OK!

朝から
10分

鶏肉とカシューナッツ、ピーマンの炒め物

香ばしいしょうゆ味とナッツのコクがマッチ!

材料と作り方(3~4回分)

1 鶏もも肉½枚は2cm角に切る。ピーマン・赤ピーマン各1個(ピーマン2個でもOK)は1.5cm角に切る。

2 フライパンに植物油小さじ2を熱し、鶏肉を入れて塩・こしょう各少々をふり、カリカリに焼く。ピーマン、カシューナッツ30gを加えて炒め、ピーマンに火が通ったら、しょうゆ小さじ2、酒小さじ1を加えて水分を飛ばすように炒める。

肉をプラスすれば
食べ応えのある
おかずに!

卵ときくらげとねぎの炒め物

きくらげとふんわり卵の2つの食感を楽しんで

材料と作り方(3~4回分)

1 きくらげ6gは水に10分~15分つけて戻し、食べやすく切る。長ねぎ15cmは斜め薄切りにする。卵2個は溶きほぐし、塩・こしょう各少々を加えておく。

2 フライパンにごま油小さじ2を熱し、しょうが(みじん切り)小さじ1、長ねぎを入れて炒め、きくらげを加えて炒める。全体に油がまわったら、塩・こしょう各少々をふり、酒小さじ1を加えて炒める。溶き卵を加えてふんわりと混ぜ、しょうゆ小さじ2を加えて炒め、粗びき黒こしょう少々をふる。

作りおきも
OK!

手軽に作れる！
切り身魚 バリエ

下ごしらえが簡単で、焼くまたは煮るだけで、簡単にメインのおかずになる切り身魚。
焼くだけでもおいしいけれど、漬けたり、ムニエルにすれば、マンネリ防止にも！

切り身魚 point

切り身魚は買ったら、なるべく早めに下処理を。
漬けダレに漬けるものは漬け、すぐに食べない場
合は冷凍保存を。ムニエルや煮物にする場合は、
塩少々をふり、キッチンペーパーで包んでからラ
ップで包み、チルド室に入れておくとよいです。

淡白なたらを
使えばバターの
風味が引き立つ

たらのムニエル
バターの風味が広がる、ふわっとやわらかな一品

材料と作り方(2回分)
1 生たら（切り身）2切れは半分に切り、塩適量をふり、10
　分ほどおいて臭みを取る。
2 1の余分な水分をペーパータオルで拭き取り、塩・こしょ
　う各少々をふり、薄力粉適量をまぶす。
3 フライパンにバター10gを熱し、2を入れて焼く。

point

食べるときは、せりマヨネーズ(P22)やタルタルソース(P22)、
トマトケチャップなどをつけて食べるのがおすすめ。

朝から10分
下処理はしておく

臭みを取る湯は
熱すぎない
80℃くらいが◎

さばのみそ煮
とろんと煮詰まった、甘めの煮汁でごはんが進む

材料と作り方(2回分)
1 さば(半身) 1枚は4等分に切り、ボウルに入れる。熱湯1
　ℓに水100㎖を加えたものをかけ、臭みを取ったら、血合
　いなどを竹串などで取りながらよく洗う。
2 鍋に水200㎖、酒50㎖、しょうが(薄切り) 4枚、砂糖大
　さじ3を入れて中火にかけ、沸騰したら1を加える。再度
　沸騰したらペーパータオルをかぶせ、アクを取りながら弱
　火でコトコト5分ほど煮込む。みそ大さじ3を加え、さら
　に弱火で煮汁がとろんとなるまで煮詰める。

朝から10分

照り焼きのタレを
使えば上品な一品が
簡単に作れる！

鮭の幽庵焼き
ゆず入りのタレに漬け込んだ、香りのよい一品

材料と作り方（2〜3回分）
1 照り焼きのタレ（P39）大さじ2、ゆず（輪切り）4枚に鮭（切り身）2切れを入れて冷蔵庫で一晩漬ける（2日以上おく場合は冷凍庫におき、2週間保存できる）。
2 1の余分な水分をペーパータオルで拭き取り、魚焼きグリルで焼く。好みでゆずの皮適量を添える。

夜仕込むとラク

さわらの粕漬け焼き
酒粕に漬けているから、深い味わいでおいしい

酒粕を使って
しっとり仕上げ♪
冷めてもおいしい

材料と作り方（2回分）
1 酒粕80g、みりん・酒各大さじ1を混ぜ合わせ、さわら（切り身）2切れを入れて冷蔵庫で一晩漬ける（2日以上おく場合は冷凍庫におき、2週間保存できる）。
2 1のタレを洗いながして水けをきり、魚焼きグリルで焼く。

point

酒粕、みりん、酒で漬け床に。お好みの魚や肉を漬けて、手軽に酒粕漬けが食べられます。

夜仕込むとラク

さばの塩焼き
オリーブオイルでパリッと焼き上げる！

レモンを添えて
さっぱりと
召し上がれ

材料と作り方（2〜3回分）
1 さば（半身）1枚は4等分に切り、前日の夜に塩適量をふり、冷蔵庫に入れておく。
2 1の余分な水分をペーパータオルで拭き取り、オリーブオイル小さじ2、塩少々と絡め、魚焼きグリルで焼く。
3 2にスライスしたレモン適量をのせる。

夜仕込むとラク

素材違いで フライバリエ

サクッとおいしいフライは、肉、魚、野菜と食材を変えると、バリエーションが無限大！
夜のうちに、衣をつけるところまで作っておけば、朝は揚げるだけでラクチンです。

フライpoint

・細めのパン粉を使うとサクッと揚がる
のでおすすめ。
・時間をかけてゆっくり揚げるのがコツ。

魚介のフライ ほたて・えび・いか
子どもから大人まで大人気の定番フライ

材料と作り方(2回分)

1 ほたて貝柱4個はペーパータオルで水けを拭き取る。えび
4尾は殻と背ワタを取り除き、内側に切り目を入れてまっ
すぐにのばし、尻尾を斜めに少し切り、水分をこそげ取る。
いか1杯は皮をむき、内臓と骨を取り除いて輪切りにする。

2 1に塩・こしょう各少々をふり、薄力粉・溶き卵・パン粉
各適量の順に衣をつけ、180℃の揚げ油適量で色よく揚げ
る。

＜おすすめのソース(P22)＞
トマトソース、タルタルソース、バジルソース

切り身魚のフライ たら・サーモン・さば
サクッ！ふわっとした食感でおいしい！

材料と作り方(1種につき2回分)

1 たら・サーモン・さば(切り身)各2切れは塩適量をふって
10〜15分おいて臭みを取り、ペーパータオルで水けを拭
き取り、一口大に切る。

2 1に塩・こしょう各少々をふり、薄力粉・溶き卵・パン粉
各適量の順に衣をつけ、180℃の揚げ油適量で色よく揚げ
る。

＜おすすめのソース(P22)＞
せりマヨネーズ、オーロラソース

ししゃものフライ
丸ごと食べられるから、栄養バッチリ！

材料と作り方(2回分)

1 ししゃも4匹はペーパータオルで水分を拭き取る。

2 1に薄力粉・溶き卵・パン粉各適量の順に衣をつけ、
180℃の揚げ油適量で色よく揚げる。

＜おすすめのソース(P22)＞
ハーブタルタルソース、せりマヨネーズ、カレーマヨネーズ

玉ねぎかつレツ
玉ねぎの甘味と豚肉の旨味がよく合う

材料と作り方(2〜3回分)

1 玉ねぎ1個は8等分のくし形切りにする。豚ロース肉しゃ
ぶしゃぶ用8枚を1枚ずつ玉ねぎに巻く。

2 1に塩・こしょう各少々をふり、薄力粉・溶き卵・パン粉
各適量の順に衣をつけ、180℃の揚げ油適量で色よく揚げ
る。

＜おすすめのソース(P22)＞ カレーマヨネーズ

point
玉ねぎは特に新玉ねぎの時期がおすすめです。

一口ヒレかつ
豚肉を叩いて揚げるからやわらかい！

材料と作り方(2〜3回分)

1 豚ヒレ肉200gは1cm幅に切り、肉叩きなどで叩く。

2 1に塩・こしょう各少々をふり、薄力粉・溶き卵・パン粉
各適量の順に衣をつけ、180℃の揚げ油適量で色よく揚げ
る。

＜おすすめのソース(P22)＞
オーロラソース、ハーブタルタルソース

魚介のフライ
（ほたて）

玉ねぎかつレツ

魚介のフライ
（えび）

一口ヒレかつ

魚介のフライ
（いか）

ししゃもの
フライ

切り身魚のフライ
（たら）

切り身魚のフライ
（さば）

切り身魚のフライ
（サーモン）

組み合わせ自由自在！
春巻き バリエ

定番の五目春巻以外にも、具材を変えればバリエーション豊富な春巻きのおかず。
春巻きの皮の大きさや、包み方を変えるだけでも、簡単に変化が出せるのが◎。

春巻きpoint

巻く際、ひと巻きめは、キュッときつめに巻くと形が崩れにくい。

揚がったら、バッドに立てかけておくと油切れがよくカリッと仕上がる。

三つ葉は最後に加えると、きれいな色に仕上がる！

作りおきもOK！　夜仕込むとラク

五目春巻き

具が冷めてから包み、巻いたらすぐに揚げるのがコツ！

材料と作り方（5本分）

1 春雨25gは熱湯で戻し、10cm幅くらいの食べやすい長さに切る。干ししいたけ3枚は水で戻し、細切りにする。にんじん⅓本は細切りにし、三つ葉½束は3cm幅に切る。豚こま切れ肉120gは1cm幅に切る。

2 フライパンにごま油小さじ1を熱し、豚肉を入れて炒め、にんじん、干ししいたけを加えてさらに炒める。野菜に火が通ったら、春雨を加えてさっと炒め、水50㎖、酒大さじ1、しょうゆ小さじ2、鶏がらスープの素小さじ1を加えて水分が半量以下になるくらいまで煮込む。

3 2に水溶き片栗粉小さじ1（片栗粉小さじ1＋水小さじ1弱）でとろみをつけ（しゃばしゃばにならないようにしっかりとろみをつける）、粗熱を取る。完全に冷めたら、三つ葉を加えて混ぜる。

4 春巻きの皮5枚を用意し、1枚をひし形のむきにおき、3を⅕量のせ、手前側の皮を具にかぶせる。左右の皮を折りたたみ、きつめに巻いて包み、巻き終わりに水溶き小麦粉適量（小麦粉と水を同量で溶いたもの）をつけてくっつける。これを5本作る。

5 4を160〜180℃の揚げ油適量で揚げる。

point

干ししいたけは瓶に入れて水で戻しておくと、冷蔵で1週間ほどもつ。冷蔵庫に戻した物を常備しておくと、炒め物、汁物、煮物など色々使えるので便利。

えびとコーンとねぎのマヨ春巻き
三角形に折りたたむだけで巻かずに簡単！

材料と作り方(8個分)
1 むきえび8尾は包丁で粗めに叩く。長ねぎ½本は薄切りにする。
2 ボウルに1、汁けをきったコーン½缶(80g)、酒小さじ2、マヨネーズ大さじ1、塩・こしょう各少々、片栗粉大さじ2を入れ、混ぜる。水っぽさが残っていたら、片栗粉適量を加える。
3 春巻きの皮2枚は、十字に切って4等分にする。
4 3の1枚に、2を⅛量のせ、三角形になるように折りたたみ、皮のふちに水溶き小麦粉適量(小麦粉と水を同量で溶いたもの)をつけてくっつける。これを8個作る。
5 4を160～180℃の揚げ油適量で揚げる。

じゃがいもと鮭のハーブ春巻き
お好みのハーブを使って作れる♪

材料と作り方(6本分)
1 じゃがいも2個は一口大に切って水に1分ほどさらし、耐熱ボウルに入れてふんわりとラップをし、電子レンジで3分加熱して水けをきり、冷ます。生鮭(切り身)1切れは、皮と骨を取り除き、1cm角に切り、塩少々をまぶしておき、巻く前に水けをしっかり拭き取る。
2 春巻きの皮3枚は、三角になるように半分に切る。
3 2の1枚に1を⅙量、パセリ適量(ディルやバジルなどでもOK)をのせ、こしょう少々をふり、細長くなるようにきつめに巻いて包む。巻き終わりに水溶き小麦粉適量(小麦粉と水を同量で溶いたもの)をつけてくっつける。これを6本作る。
4 3を160～180℃の揚げ油適量で揚げる。

point
生鮭の代わりにスモークサーモンを使ってもOK。その場合の下処理は刻むだけでOKです。

ボリューム満点！鮭とじゃがいもで食べ応え◎
子どもも喜ぶコーンとマヨの組み合わせ！
パリッとした皮とふんわり卵の食感がいい！
さけるチーズを使って冷めてもおいしい揚げ物に

枝豆とかにかまのチーズ春巻き
ビールのお供にしてもよろこばれる！

材料と作り方(8本分)
1 かに風味かまぼこ8本は、ペーパータオルで水分を拭き取る。さけるチーズ1本は、ざっくりと裂いて8等分にする。
2 春巻きの皮2枚は、十字に切って4等分にする。
3 2の1枚にゆで枝豆(鞘から出したもの)½カップを⅛量のせ、1も⅛量のせてP92の作り方4同様に巻いて包む。これを8本作る。
4 3を160～180℃の揚げ油適量で揚げる。

青じそとハムと炒り卵の春巻き
さわやかな青じその風味が引き立つ！

材料と作り方(4本分)
1 ボウルに卵3個を溶き、塩・こしょう各少々、砂糖小さじ1を加えて混ぜ、フライパンで炒り卵を作る。
2 春巻きの皮4枚、青じそ8枚、ハム4枚を用意し、春巻きの皮1枚に、青じそ2枚、ハム1枚、炒り卵¼量を順にのせ、P92の作り方4同様に巻いて包む。これを4本作る。
3 2を160～180℃の揚げ油適量で揚げる。

サクサクおいしい！
かき揚げ バリエ

季節の野菜やお好みの具材で作れるかき揚げは、冷蔵庫整理にもぴったりなおかずです。具材を衣にくぐらせて揚げるだけだから、揚げ物でもハードルが低く、作りやすい！

かき揚げ point

天ぷら粉が余ったら、紅しょうがと青のりを混ぜてかき揚げにしたり、天かすを作るのもおすすめ。

水の代わりに炭酸水で衣を作ったり、前日の夜から天ぷら粉などの材料を、冷蔵庫で冷やしておくとカラッと揚がる。

とうもろこしとえびとピーマンのかき揚げ

プリプリのえびがたっぷりでおいしい！

材料と作り方（2〜3回分）

1 むきえび8尾は3等分に切る。ピーマン1個は8mm角に切る。

2 ボウルに汁けをきったコーン½缶（80g）、1を入れ、天ぷら粉大さじ4をまぶす。冷水大さじ3を加えてサクッと混ぜる。

3 揚げ油適量を180℃に熱し、2をディナースプーン1杯分ずつすくって落とし入れ、揚げる。

作りおきもOK! / 朝から10分

ちくわとチーズの青のりかき揚げ

青のりの風味にチーズのコクがよく合う

材料と作り方（2〜3回分）

1 プロセスチーズ40gはちくわ小3本の穴に入るように切り、ちくわの穴に入れ、3等分に切る。

2 ボウルに天ぷら粉・冷水各大さじ3を入れてサクッと混ぜ、青のり大さじ1を加えてサクッと混ぜる。

3 1を2にくぐらせ、180℃に熱した揚げ油適量に入れて揚げる。

作りおきも OK!　朝から 10分

豚肉と紅しょうがと万能ねぎのかき揚げ

紅しょうがの酸味と辛味がアクセント！

材料と作り方（2〜3回分）

1 ボウルに豚こま切れ肉70g、紅しょうが大さじ2、万能ねぎ（小口切り）2本分を入れ、天ぷら粉大さじ3をまぶす。冷水大さじ2½を加えてサクッと混ぜる。

2 揚げ油適量を180℃に熱し、1をディナースプーン1杯分ずつすくって落とし入れ、揚げる。

作りおきも OK!　朝から 10分

ちくわの旨味がお弁当のおかずにぴったり！

冷蔵庫に余りがちな紅しょうがを使って

そら豆の彩りでお弁当をパッと明るく

にんじんは油で揚げると栄養価アップ

作りおきも OK!　夜仕込むとラク

作りおきも OK!　朝から 10分

ささみとそら豆のかき揚げ

ホクホクのそら豆と衣の食感が楽しめる

材料と作り方（2〜3回分）

1 鶏ささみ3本はそぎ切りにし、酒小さじ1、塩・こしょう各少々を揉み込む。そら豆6本はさやから豆を取り出し、薄皮をむく。

2 ボウルに1を入れ、天ぷら粉大さじ3をまぶす。冷水大さじ2½を加えてサクッと混ぜる。

3 揚げ油適量を180℃に熱し、2をディナースプーン1杯分ずつすくって落とし入れ、揚げる。

にんじんと春菊と桜えびのかき揚げ

サクッとした食感と春菊の苦味が美味！

材料と作り方（2〜3回分）

1 にんじん⅓本は細切りにする。春菊⅓束は下のかたい部分を切り落とし、4cm長さに切る。

2 ボウルに桜えび½カップ、1を入れ、天ぷら粉大さじ3をまぶす。冷水大さじ2½を加えてサクッと混ぜる。

3 揚げ油適量を180℃に熱し、2をディナースプーン1杯分ずつすくって落とし入れ、揚げる。

簡単&すぐできる!
お手軽おかず②

ベーコンやハム、卵を使った簡単おかずです。
電子レンジを上手に使って時短に!

味つけは
塩・こしょうで
シンプルに!

作りおきも
OK!

朝から
10分

ピーマンとベーコンの炒め物

ピーマンの苦味とベーコンの脂が相性抜群!

材料と作り方(2～3回分)
1 ピーマン2個は半分の長さに切り、細切りにする。ハーフ
　ベーコン2枚は細切りにする。
2 フライパンにオリーブオイル小さじ2を熱し、1を入れて
　ピーマンが好みの硬さになるまで炒め、塩・こしょう各少々
　で味をととのえる。

残りものの
卵焼きを使って
リメイク!

作りおきも
OK!

朝から
10分

卵焼きの天ぷら

外はカリッ、中はふわふわ!青のりの風味も◎

材料と作り方(2回分)
1 ボウルに天ぷら粉½カップ、冷水½カップ、青のり大さじ
　1を入れ、混ぜる。
2 卵焼き(切ってあるもの)4切れを1にくぐらせ、180℃に
　熱した揚げ油適量で色よく揚げる。

お好みの
野菜をベーコンで
巻いて作って

ミニトマト、ブロッコリー、アスパラのベーコン巻き

ベーコンの旨味が野菜となじんで美味!

作りおきも
OK!

朝から
10分

材料と作り方(作りやすい分量)
1 ゆでブロッコリー・ゆでアスパラガス各適量は食べやすい
　大きさに切る。
2 ベーコン適量(ハーフベーコンではなく、できれば長くて
　薄めのベーコンがよい)は半分の幅に切り、ミニトマト適
　量、1にキュッと巻く。
3 フライパンにオリーブオイル適量を薄くひいて弱めの中火
　で熱し、2を巻き終わりを下にして入れ、色よく焼く。

ラーメンの
トッピングや
つまみにも◎

味玉

漬けておくだけで簡単、
もう一品がほしいときに

材料と作り方(5個分)
1 保存袋にゆで卵5個、麺つゆ(3倍濃縮)
　100mℓ、酢大さじ2を入れ、空気を抜
　いて袋の口を閉じ、冷蔵庫で一晩漬け
　る。

作りおきも
OK!

夜仕込む
とラク

フライパン
なしで作れる!
簡単おかず

レンジハムエッグ

ハムの塩けで卵を味わう!
火を使わない時短レシピ

材料と作り方(1回分)
1 ハムと同じくらいの大きさで、少し縁
　がある耐熱皿にラップを少し大きめに
　敷き、ハム1枚をおく。その上に卵1
　個を割り入れ、卵黄の部分につまよう
　じなどで穴を数カ所開け、さらにハム
　1枚をのせる。
2 1をラップで包み、電子レンジで1分
　10秒～1分20秒、卵が爆発しないよ
　うに様子をみながら加熱する(500W
　の設定ができれば、1分30秒加熱する)。

PART 3
サブおかずの
バリエーション

メインのおかずが決まっても、合わせるサブのおかずに
悩まされることも多いのでは…?
箸休めにピッタリのお浸しやサラダ、お弁当の彩りアップに便利な
ピクルスやマリネなど、バリエーション豊富に紹介しています。
野菜のおかずもたっぷりあるから、バランスよく詰めて
おいしく、健康的なお弁当作りを目指しましょう!

ごま焼肉弁当

簡単なのに豪華に見え、ボリュームがある焼肉弁当は、忙しい日にピッタリ。
作りおきの味玉とフレッシュな野菜を添えれば、10分で完成!

memo

**忙しい日のお弁当は
のっけ弁当がラク!**

作る時間を短縮したい日は、ちゃちゃっと炒めてドーン! とのせた、のっけ弁当。糸唐辛子やごまをのせれば、本格的に見えます。焼肉以外に、しょうが焼きもおすすめ。忙しくなりそうなときは、冷凍しておいた雑穀ごはんを入れて栄養アップ。

ミニトマト&サニーレタス

ごま焼肉 →P70

雑穀ごはん

味玉 →P96

\time table/

	前日	start				5					10				15
ごま焼肉	-	焼く									詰める				
味玉	作りおき							切る							
ミニトマト&サニーレタス	-				切る										

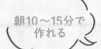 朝10〜15分で
作れる

忙しい日の簡単弁当②

三色丼弁当

かつお節の風味がよくあうのり弁に、冷蔵庫にあるおかずをのせた三色丼弁当。
明太子、卵、ブロッコリーで、彩りよく仕上げました。

memo

常備している食材を
のせて簡単！

ごはんにしょうゆで和えたかつお節とのりをのせて、あとは冷蔵庫の常備菜をちょこちょこと。忙しくなる前にブロッコリーなどをゆでて冷凍しておくと便利です。のりは食べやすくちぎってのせれば、のりだけベロンとはがれません！

ゆでブロッコリー

ふんわり卵

しらす

高菜明太和え →P175

のりごはん

\ time table /

	前日	start		5		10		15
ふんわり卵	-	卵を溶いて焼く						
ゆでブロッコリー	作りおき					詰める		
のりごはん	-			ごはんを盛り、かつお節、のりをのせる				
高菜明太和え	作りおき							

99

忙しい日の簡単弁当③

ガパオ弁当

ナンプラーの風味が食欲をそそる、エスニック弁当です。目玉焼き、えび、
パクチーを添えて、彩りも鮮やか！ピクルスなどがあれば添えてもいいですね。

パクチー

ゆでえび

目玉焼き

雑穀ごはん

鶏ひき肉の
エスニック炒め →P70

\time table/	前日	start		5		10		15
鶏ひき肉のエスニック炒め	-		切る		炒める	詰める		
目玉焼き	-			焼く				
ゆでえび	-							

おにぎりとわかめ スープのお弁当

寒い日や胃が疲れた日には、おにぎりと
スープでシンプルなお弁当もいいですね。
おにぎりにはプチプチとした食感が楽しい
もち麦を入れました。

もち麦おにぎり

たくあん

わかめスープ →P159

\ time table /

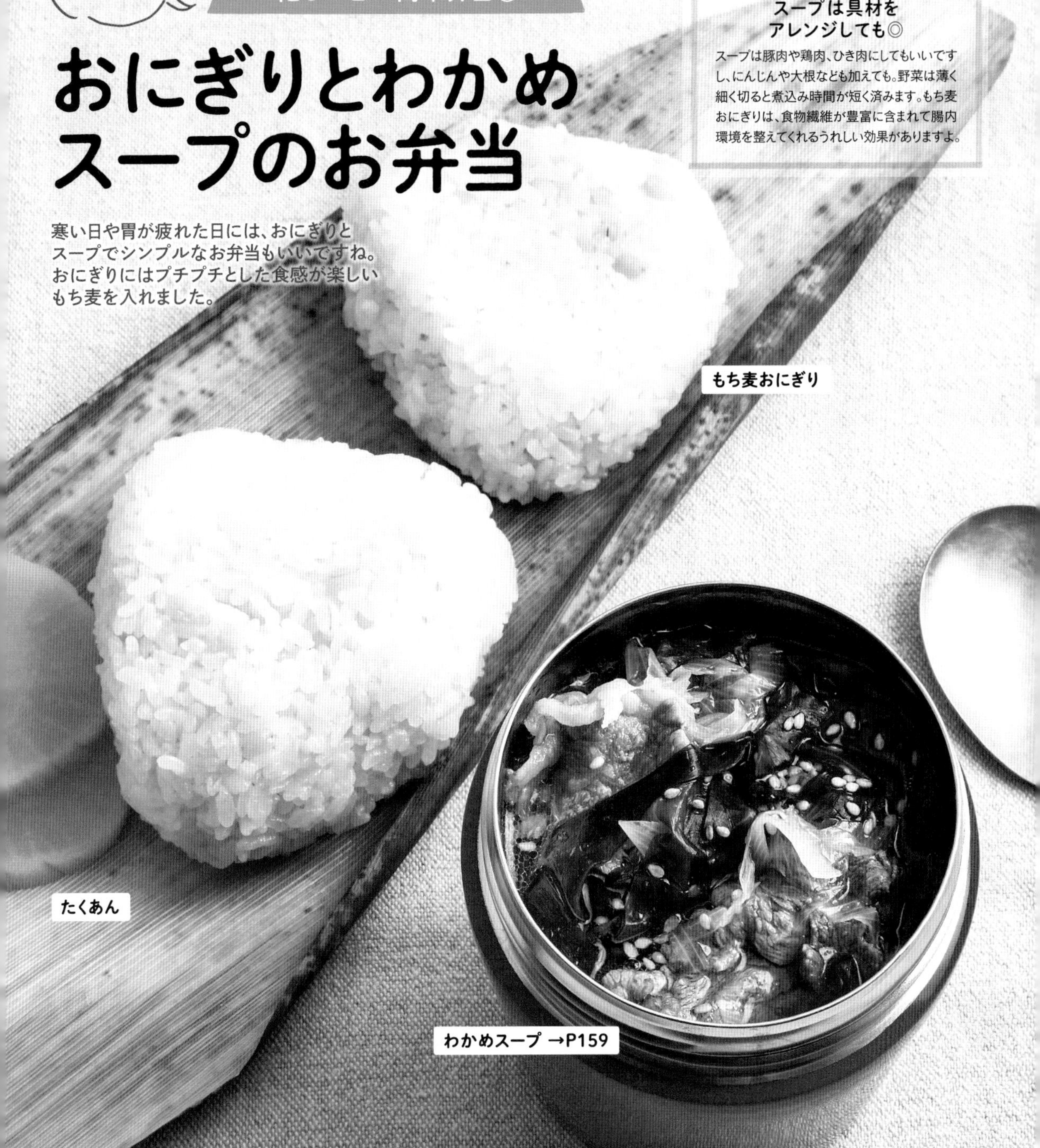

	前日	start		5		10		15
わかめスープ	-		切る		炒めて煮る			
もち麦おにぎり	-						にぎる	詰める

お弁当にあるとうれしい！
パスタサラダ バリエ

お弁当のすき間に詰めやすいパスタサラダは、いろいろなバリエーションを覚えておくと
便利です。同じ材料でもショートパスタを変えるだけで、ちがうおかずに見えるのも◎。

パスタサラダ point

 パスタサラダで使うパスタは、袋の表示よりもプラス30秒ほどしっかりめにゆでるのがコツ。

 玉ねぎは塩揉みし、水にさらして辛みを抜いて。

> 紫玉ねぎときゅうりの食感がアクセントに

ハムとゆで卵のカレーマカロニサラダ
カレー粉がきいて、食欲をそそる味！

材料と作り方（4〜5回分）
1 マカロニ60gは、袋の表示より30秒ほど長くゆでる。
2 紫玉ねぎ1/8個は半分の長さに切ってから薄切りにし、塩揉みして水にさらし、水けをきる。きゅうり1/2本は小口切りにして塩揉みし、水けをきる。
　ゆで卵2個は粗く刻み、ハム2枚は3等分の長さに切り、5mm幅に切る。
3 ボウルに1、2、マヨネーズ大さじ2 1/2、塩・こしょう各少々、カレー粉耳かき1杯分くらいを入れ、和える。

作りおきもOK！　朝から10分

> サーモンが入ってボリューム感バッチリ♪

作りおきもOK！　朝から10分

スモークサーモンとミニトマトときゅうりのパスタサラダ
ディルとヨーグルトの風味でさわやか！

材料と作り方（4〜5回分）
1 好みのショートパスタ40g（写真はフジッリ）は袋の表示より30秒ほど長くゆでる。ゆで上がったらザルにあげて水けをきり、粗熱を取る。
2 スモークサーモン70gは3cm幅に切る。ミニトマト6個は半分に切る。きゅうり1/2本は8mm角に切ってから塩揉みし、水けをきる。ディル1枝は葉の部分を摘む。
3 ボウルに1、2、マヨネーズ大さじ2、プレーンヨーグルト小さじ1、オリーブオイル小さじ2、塩・粗びき黒こしょう各少々を入れ、和える。

クセの少ない
モッツァレラが
お弁当に使いやすい

作りおきも
OK！

朝から
10分

ミニトマトとモッツアレラの
バジルパスタサラダ

シンプルな味つけとバジルでさっぱり食べられる

材料と作り方（4〜5回分）

1 好みのショートパスタ60g（写真はスクリュータイプ）は
袋の表示より30秒ほど長くゆでる。ゆで上がったらザル
にあげて水けをきり、粗熱を取る。

2 ミニトマト8個は半分に切る。モッツアレラチーズ50gは
1㎝角に切り、水けをきる。バジル10枚はちぎる。

3 ボウルに1、2、オリーブオイル大さじ1、塩・こしょう各
少々を入れ、和える。

たらこのピンクと
枝豆の黄緑が
きれいな一品

作りおきも
OK！

朝から
10分

たらこと枝豆のパスタサラダ

ちょうの形をしたパスタを使ってかわいらしく

材料と作り方（4〜5回分）

1 好みのショートパスタ50g（写真はファルファッレ）は袋
の表示より30秒ほど長くゆでる。ゆで上がったらザルに
あげて水けをきり、粗熱を取る。

2 たらこ1/2腹は身をこそげ取る。

3 ボウルに1、2、ゆで枝豆（鞘から出したもの）1/2カップ、
オリーブオイル大さじ1½、塩・こしょう各少々を入れ、
和える。

ツナの旨味で
コク深い
仕上がりに

作りおきも
OK！

朝から
10分

ツナと青じそと白ごまの
マカロニサラダ

青じそと白すりごまの香り豊かな一品！

材料と作り方（4〜5回分）

1 マカロニ50gは袋の表示より30秒ほど長くゆでる。ゆで
上がったらザルにあげて水けをきり、粗熱を取る。

2 紫玉ねぎ1/8個は半分の長さに切ってから薄切りにし、塩揉
みして水にさらし、水けをきる。ツナ小1缶（70g）は油ま
たは水けをきる。青じそ6枚は、縦半分に切ってから細切
りにする。

3 ボウルに1、2、白すりごま大さじ2、マヨネーズ・オリー
ブオイル各大さじ1、塩・こしょう各少々を入れ、和える。

ホクホクがたまらない！
いも・かぼちゃ バリエ

ホクホクした食感がが大人気のいもとかぼちゃのおかずをご紹介。自然な甘さのおかずが欲しいときは、さつまいもやかぼちゃが便利です。煮物から揚げ物まで楽しんで。

肉じゃが
牛肉と玉ねぎのシンプルな肉じゃが

材料と作り方（4〜5回分）

1 じゃがいも3個は一口大に切り、5分ほど水にさらす。玉ねぎ½個は8等分くらいのくし形切りにする。**牛こま切れ肉200g**は食べやすく切る。**絹さや6本**は筋を取って塩ゆでし、斜め薄切りにする。

2 厚手の鍋に**植物油大さじ1**を中火で熱し、じゃがいもを炒め、油がまわり、透明感が出てきたら、玉ねぎを加えて透明感が出るまで炒める。**酒・砂糖各大さじ3、水大さじ2**を加え、落とし蓋をして弱めの中火にし、あまりかき混ぜずに10分ほど煮込む。

3 2のじゃがいもに竹串がすっと通り、ホクホクになったら、牛肉、**しょうゆ大さじ3、みりん大さじ1**を加え、牛肉に火が通るまで3分ほど煮込む。最後に絹さやをのせる。

絹さやは
最後に散らして
彩りよく！

作りおきも
OK!

夜仕込むとラク

揚げている間に
タレも簡単に
手作りできる！

作りおきも
OK!

大学いも
ツヤツヤとろり！二度揚げでカリッとした食感に

材料と作り方（4〜5回分）

1 さつまいも1本（約400g）は皮つきのまま乱切りにする。

2 揚げ油適量がまだ温まらないうちに1を入れ、ふつふつとしてきたら、160℃で4分ほど揚げる。一度バットにとり、粗熱が取れたら、再度高温でカリッとなるまで揚げる（泡が少なくなるのが目安）。

3 さつまいもを揚げている間に、別の鍋で**砂糖・みりん各大さじ3、しょうゆ小さじ2**を煮詰め、ゆるくとろんとしたら、火を止める。

4 3にさつまいもを加えて和え、**黒炒りごま小さじ1**をまぶす。

かぼちゃの甘煮

鍋で煮込まずに、電子レンジで手軽に作れる！

材料と作り方（4〜5回分）

1 かぼちゃ¼個（正味約220g）は種とワタを取り除き、半分くらいまだらに皮をむき、一口大に切る。

2 耐熱容器に水でぬらした**1**、水・砂糖各大さじ1、塩小さじ¼をまぶし、15分ほどおく。みりん大さじ1を加え、ふんわりとラップをして電子レンジで5〜6分加熱する。かぼちゃがかたかったら30秒ずつ様子をみながら、やわらかくなるまで加熱する。

自然の甘味が
おいしい
人気おかず

作りおきも
OK！

夜仕込む
とラク

さっぱりする
レモン煮が
お弁当に◎

作りおきも
OK！

夜仕込む
とラク

さつまいものレモン煮

甘酸っぱい味わいで、おかずにもおやつにも◎

材料と作り方（10回分）

1 さつまいも（細め）5本（約400g）は皮つきのまま7〜8mm幅の輪切りにし、15分ほど水にさらす。

2 鍋に**1**、グラニュー糖100gを入れ、水適量をひたひたにかぶるくらいまで注ぐ。中火にかけ、さつまいもに竹串がすっと通るまで煮る。火を止めて**レモン**（いちょう切り）輪切り5枚分を入れ、冷ます。

お弁当はもちろん
ビールのお供にも
ぴったり！

青のりポテト

青のりの風味と塩けがきいて、やみつきな味

材料と作り方（2〜3回分）

1 じゃがいも3個は一口大に切り、5分ほど水にさらす。耐熱ボウルに入れ、ふんわりとラップをして電子レンジで5分加熱し、粗熱を取る。

2 フライパンに**オリーブ油**大さじ3を熱して**1**を入れ、強火でカリッとするように揚げ焼きにし、ザルなどに取る。

3 **2**が熱いうちに、塩・青のり各適量をふる。

作りおきも
OK！

野菜と海藻モリモリ!
ナムル バリエ

ごま油の風味で、野菜や海藻をたっぷり食べられるナムルは、箸休めにもぴったり。
しらすやツナも一緒に和えれば、旨味と満足感がアップするのでおすすめです。

ナムルpoint
・食材の水けをしっかりきってから味つけするのがコツ。
・お弁当に詰めるときは、汁けをきってから詰めて。

パプリカの甘味と
ツナの旨味で
子どもも食べやすい

パプリカとツナのナムル
お弁当の彩りアップ! ツナのコクで食べ応え◎

材料と作り方(3〜4回分)
1 パプリカ1個は半分の長さに切ってから3mm幅に切り、耐熱容器に入れてラップをし、電子レンジで1分加熱する。ツナ缶小1缶は油または水けをきる。
2 ボウルに1、ごま油大さじ1½、にんにく(すりおろし)小さじ⅛、白すりごま小さじ2、塩少々を入れ、和える。

作りおきもOK!　朝から10分

ほうれん草や
チンゲン菜で
作ってもおいしい

小松菜としらすのナムル
お好みの青菜で作ってもおいしく食べられる

材料と作り方(3〜4回分)
1 小松菜½束は塩ゆでして冷水にさらし、しっかりと水けをきり、3cm幅に切る。
2 ボウルに1、しらす大さじ3、ごま油大さじ1½、にんにく(すりおろし)小さじ⅛、白すりごま小さじ2、塩少々、しょうゆ小さじ1を入れ、和える。

作りおきもOK!　朝から10分

わかめナムル

サラダなどにトッピングするのもおすすめ

すりごまが
わかめと
よくなじむ

材料と作り方（3〜4回分）

1 塩蔵わかめ100g（乾燥わかめ12gでもOK）は水で戻して
　水けをきり、食べやすく切る。
2 ボウルに1、ごま油大さじ1½、にんにく（すりおろし）小さ
　じ⅛、白すりごま小さじ2、塩少々、しょうゆ小さじ1を
　入れ、和える。

豆もやしナムル

ピリ辛味がたまらない！韓国の定番ナムル

豆板醤は
食べやすい辛さに
調節して

材料と作り方（3〜4回分）

1 豆もやし½袋はゆでてしっかりと水けをきる。
2 ボウルに1、ごま油小さじ2、豆板醤小さじ1〜2、塩1つ
　まみ、こしょう少々、しょうゆ小さじ1、白すりごま大さ
　じ1を入れ、和える。

point

豆もやしは必ず、しっかりと水けをきりましょう。辛めが好きな
人は、豆板醤を多めに入れてもOK。

春菊ナムル

春菊の苦味がごまのコクと相性抜群！

ごま油の
風味が
食欲そそる

材料と作り方（3〜4回分）

1 春菊½束は塩ゆでして冷水にさらし、しっかりと水けをき
　り、3cm幅に切る。
2 ボウルに1、ごま油大さじ½、にんにく（すりおろし）小さ
　じ⅛、白すりごま小さじ2、塩少々を入れ、和える。

お弁当に詰めやすい！
ちくわ・かまぼこ バリエ

そのまま食べてもおいしいちくわとかまぼこは、簡単なアレンジでパパッとおかずに
なるから、時間がないときに大活躍。そのうえ、すき間埋めおかずにもなるのがうれしい!

三色ちくわ チーズ・きゅうり・ハム

詰める具材を変えて楽しめる!

きゅうりや
チーズの
食感を楽しんで

材料と作り方(2~3回分)

1 プロセスチーズ25gはちくわの穴に入るように切り、ちく
わ小2本の穴に入れる。
2 きゅうり¼本は、ちくわの穴に入るように棒状に切り、ち
くわ小2本の穴に入れる。
3 1、2はお弁当箱の高さに合わせて3~4等分に切る。
4 ちくわ小2本はお弁当箱の高さに合わせて3~4等分に切
る。ハム2枚は3~4等分に切り、1枚ずつくるくると細
く巻き、ちくわの穴に押し込む。

point

ハムちくわは箸や指
などを使って穴に押
し込むと詰めやすい。

作りおきも
OK!

朝から
10分

三つ葉と梅の
和風テイストで
相性抜群◎

ちくわと三つ葉の梅和え

さっぱり、さわやか! 梅の風味が食欲をそそる

材料と作り方(2~3回分)

1 ちくわ小3本は8mm幅の輪切りにする。三つ葉½束はさっ
と塩ゆでし、冷水で洗い、しっかりと水けを絞り、2cm幅
に切る。
2 梅干し2個は種を取り除き、包丁で叩いてペースト状にす
る。
3 ボウルに2、みりん小さじ1、薄口しょうゆ小さじ½を入
れて混ぜ、1を加えて和える。

作りおきも
OK!

朝から
10分

ついつい
つまみたくなる
香りのよい一品

かまぼこチップスの青のりかけ

少し余ってしまったかまぼこを使うのもおすすめ

材料と作り方(2〜3回分)

1 かまぼこ½個は8mm幅に切る。

2 180℃の揚げ油適量で1をカリッと素揚げする。

3 2が揚げたてのうちに塩少々、青のり適量をまぶす。

作りおきも OK! 朝から10分

忙しい朝は
切って和えるだけの
おかずが便利

かまぼこと
きゅうりのサラダ

子どもから大人まで人気のマヨネーズ味

材料と作り方(2〜3回分)

1 紅かまぼこ½本は拍子切りにする。
きゅうり½本はかまぼことの大きさ
に合わせて拍子切りにする。

2 ボウルに1、マヨネーズ大さじ1½、塩・
粗びき黒こしょう各少々を入れ、和え
る。

作りおきも OK! 朝から10分

ピーマンの苦味と
ちくわの旨味の
ハーモニー

ちくわピーマン炒め

ピーマンをモリモリ食べられる! ごはんに合う一品

材料と作り方(2〜3回分)

1 ちくわ小2本は半分に切り、細切りにする。ピーマン2個
はちくわの長さに合わせて細切りにする。

2 フライパンにごま油小さじ1を中火で熱し、1を入れて炒
め、ピーマンがしんなりするまで炒める。塩2つまみ、しょ
うゆ小さじ½で調味し、白炒りごま大さじ1をふる。

作りおきも OK!

ヘルシー&おいしい！
こんにゃく・しらたき バリエ

ヘルシーで食物繊維が豊富なこんにゃく＆しらたき。煮物以外ではあまり使わない人も多いのでは？
よく味を絡めれば、満足感のあるおかずになるから、日々の食事に取り入れてみて。

しらたきpoint

しらたきはフライパンで水分を飛ばすように乾炒りしてから使うと、水っぽくならない。

ピリ辛こんにゃく

よく味が染みてる！白炒りごまをふってもOK

材料と作り方（4回分）

1 こんにゃく1枚は格子状に切り込みを入れ、1.5cm角に切り、下ゆでする。

2 フライパンにごま油小さじ2を熱し、1を入れてチリチリになるまで炒める。酒・しょうゆ各大さじ1、赤唐辛子（種を取り除く）1本、和風だしの素（顆粒）小さじ⅛を加えて煮汁がなくなるまで炒め煮する。

格子状に切れば味がバッチリ染みておいしい

作りおきもOK！　朝から10分

味のなじみやすいしらたきでしっかり味のおかずに

結びしらたきの山椒煮

甘辛く染みた味わいに山椒の香りが引き立つ

材料と作り方（4〜6回分）

1 結びしらたき1パック（12個）は下ゆでする。

2 鍋にしょうゆ・みりん・砂糖各大さじ2、和風だしの素（顆粒）2つまみ、1を入れて火にかけ、煮汁がとろりとして、ほとんどなくなるまで煮詰める。仕上げに粉山椒適量をふり、木の芽適宜をのせる。

作りおきもOK！　朝から10分

ふりかけや
混ぜごはんにして
食べても◎

しらたきじゃこおかか炒め
常備しておくとごはんのお供になって便利!

材料と作り方(5回分)

1 しらたき約100gは食べやすい長さに切る。しょうが1かけは半分の長さに切り、せん切りにする。

2 フライパンでしらたきを乾炒りし、水分がなくなりキュキュッとフライパンをこするような音がしたら、植物油小さじ2を加えてよく炒め、しょうが・ちりめんじゃこ各大さじ3を加えてさっと炒め、みりん大さじ2、しょうゆ大さじ3、砂糖大さじ1を加え、水分がなくなるまで炒める。

3 2にかつお節1パック(2.5g)、白炒りごま大さじ1を加え、さっと混ぜる。

作りおきも
OK!

朝から
10分

たらこの
プチプチ食感が
クセになる

たらこと青じそのしらたき炒め
青じそは最後に和えると緑が鮮やかに!

材料と作り方(3〜4回分)

1 しらたき約200gは食べやすい長さに切る。たらこ1腹は身をこそげ取る。青じそ4枚は縦半分に切り、細切りにする。

2 フライパンでしらたきを乾炒りし、水分がなくなりキュキュッとフライパンをこするような音がしたら、ごま油小さじ1を加えて炒め、たらこ、酒・薄口しょうゆ各小さじ2、塩少々を加え、たらこの色が変わるまで炒める。

3 2の粗熱を取り、完全に冷めたら青じそを加えて和える。

作りおきも
OK!

朝から
10分

揚げることで
より煮汁が
染み込む!

揚げこんにゃくの甘辛煮
ぎゅっと締まった食感と染み出る煮汁がたまらない

材料と作り方(3〜4回分)

1 こんにゃく1枚は横に5〜7mm厚さに切り、上下1cmほど残して縦に切り目を入れ、片方の端を切れ目に入れてくぐらせ、引っ張る。ペーパータオルで水けをとり、揚げ油適量で、出てくる泡が大きく、少なくなるまで揚げる。

2 フライパンにみりん50ml、砂糖・しょうゆ各大さじ2を入れて煮立てる。

3 2に油をよくきった揚げたての1を加え、煮詰める。

作りおきも
OK!

夜仕込むと
ラク

野菜をおいしく！
お浸しバリエ

お浸しは青菜だけでなく、いろいろな野菜で楽しめます。カラフルな野菜で作っておけば、
お弁当の彩りになったり、前日の夜から浸しておいてもいいから、朝ラクしたいときにもおすすめです。

お浸しの浸し汁

冷蔵 1週間

材料（作りやすい分量）
鍋にだし汁1カップ、薄口しょうゆ・酒各大さじ3、好みで和風だしの素（顆粒）少々を入れて火にかけ、煮立ったら火を止め、冷ます。

point
・菜の花、水菜、ほうれん草、小松菜などはもちろん、アスパラなどをお浸しにしてもおいしい。
・お弁当に詰めるときは、必ず汁けをしっかりときってから詰めましょう。

キャベツと桜えびと
レモンのお浸し
ボリューミーで朝晩の食事でも楽しめる！

材料と作り方（5〜6回分）
1 キャベツ⅙個は小さめのざく切りにし、さっと塩ゆでする。粗熱を取り、水けをしっかり取る。レモン（スライス）5枚はいちょう切りにする。
2 1と桜えび10gを、お浸しの浸し汁適量に浸す。

レモンで
さっぱりと
さわやかに！

オクラと長いものお浸し
ネバネバ食材のコンビで、便秘解消！

材料と作り方（5〜6回分）
1 オクラ1袋はガクを取り除いて板ずりし、さっとゆでて粗熱を取り、1cm幅に切る。長いも50gは1.5cm角に切り、さっとゆでて、水けをよくきっておく。
2 1をお浸しの浸し汁適量に浸す。

長いものシャキッとした食感がいい

作りおきもOK！
朝から10分

作りおきもOK！
朝から10分

きのこの旨味と
ほろ苦い菊の花が
よく合う！

三つ葉としめじと菊の花のお浸し

菊の花の黄色が鮮やか！華やかなお浸し

材料と作り方（5〜6回分）

1 三つ葉½束はさっと塩ゆでし、冷水にとって水けをきり、3cm幅に切る。しめじ1パックは石づきを切り落とし、小房に分け、さっと塩ゆでし、水けをきる。菊の花2個分は酢を加えた湯でさっとゆで、冷水にとり、水けをきる。

2 1をお浸しの浸し汁適量に浸す。

point

菊の花が売っていたらぜひ作ってみて。1パック分ゆでて、小分けにし、冷凍保存しておけば、お弁当に彩りが加わります。

作りおきも
OK！

朝から
10分

焼きズッキーニのお浸し

洋風野菜を和風で楽しむ！味がよく染みて美味

ズッキーニと
オリーブオイルの
相性ぴったり！

材料と作り方（3〜4回分）

1 ズッキーニ1本は8mm幅に切る。

2 フライパンにオリーブオイル小さじ1を熱し、1を入れて両面きれいな焼き色がつくまで焼く。

3 2をお浸しの浸し汁適量に浸す。

作りおきも
OK！

朝から
10分

さっとゆでて
食感を残すのが
ポイント

ブロッコリーとおかかのお浸し

かつお節の香りとブロッコリーの食感が◎

材料と作り方（3〜4回分）

1 ブロッコリー½株は小房に分け、さっと塩ゆでして粗熱を取り、水けをきる。

2 1、かつお節1パック（2.5g）をお浸しの浸し汁適量に浸す。

 作りおきも
OK！

 朝から
10分

たくさん作って保存が便利！
ピクルスバリエ

ポリポリと野菜の食感を楽しめるピクルスはさっぱりとした味わいが魅力的。
野菜だけでなく、うずらの卵で作っても◎。夜から漬けておくのがおすすめです。

簡単ピクルス酢
冷蔵 1週間

材料（作りやすい分量）
鍋に酢200mℓ、水50mℓ、砂糖大さじ5（好みで減らしてもOK）を入れて混ぜ、中火にかけ砂糖を溶かす。鍋を火からおろし、塩小さじ1、ローリエ1枚、黒こしょう（ホール）3粒、にんにく（つぶす）½かけ分を加えてよく混ぜ、冷ます。

アレンジ
カリフラワー、新玉ねぎ、セロリ、下ゆでした新ごぼうなどを漬けてもおいしい。

ポリポリ、カリカリ
歯応えのよい野菜を
シンプルに味わう

きゅうりと大根と
にんじんのピクルス

カリカリ、ポリポリとした食感が楽しめる！

材料と作り方（5〜6回分）
1 きゅうり1本は拍子切りにする。大根5cm（約280g）、にんじん⅓本は細めの拍子切りにする。
2 1を塩揉みし、保存容器に入れる。簡単ピクルス酢をひたひたに注ぎ、漬ける。

冷蔵 1週間

夜仕込むとラク

うずらの卵のピクルス
味が染みておいしい！お好みの野菜と一緒に漬けても

材料と作り方（5〜6回分）
保存容器にうずらの卵（水煮）12個、ローリエ1枚を入れ、簡単ピクルス酢をひたひたに注ぎ、漬ける。

冷蔵 1週間　夜仕込むとラク

サラダにトッピングしたりと食べ方いろいろ

パプリカのピクルス
お弁当の彩りアップに大活躍！色はお好みでOK

材料と作り方（5〜6回分）
1 パプリカ1個は1cm幅に切る。
2 保存容器に1を入れ、簡単ピクルス酢をひたひたに注ぎ、漬ける。

冷蔵 1週間　夜仕込むとラク

肉厚なパプリカの食感を楽しんで

かぶは味が染みやすくおすすめの食材

おやつ代わりにパクパクと食べられる

ミニトマトのピクルス
はちみつ入りで甘酸っぱい！サラダに添えても◎

冷蔵 1週間　夜仕込むとラク

材料と作り方（5〜6回分）
保存容器にミニトマト1パック、はちみつ大さじ2を入れ、簡単ピクルス酢をひたひたに注ぎ、漬ける。

かぶのピクルス
ゴロッと大きめに切ったかぶの食感が楽しめる

冷蔵 1週間　夜仕込むとラク

材料と作り方（5〜6回分）
1 かぶ3個は茎を少し残して葉を切り落とし、くし形切りにし、皮をむく。
2 1を塩揉みし、保存容器に入れる。簡単ピクルス酢をひたひたに注ぎ、漬ける。

point
茎を切ったら、竹串を使って根元に残った砂を取り除いて。

フライパンでパパッと！
野菜炒め バリエ

野菜をたっぷり食べたい日には、野菜炒めがおすすめ！ ほうれん草やピーマン、
にんじんやパプリカなどの緑黄色野菜を使えば、お弁当の彩りもアップします。

野菜炒めpoint

ベーコンやソーセージは脂を出すように炒めて、使う油を少量に。

調味料を加えたら、水分を飛ばすように炒めて。ベチャッと水っぽくなるのを防ぎます。

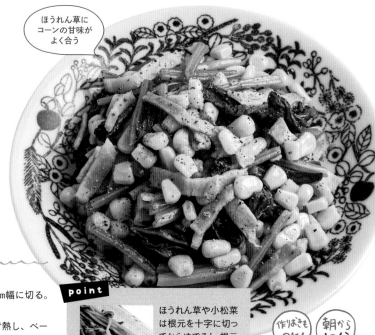

ほうれん草に
コーンの甘味が
よく合う

ほうれん草とコーンと
ベーコン炒め

彩りがきれいでお弁当が華やぐ！

材料と作り方（2〜3回分）
1 ゆでほうれん草1束分は水けをよく絞り、3cm幅に切る。**ハーフベーコン4枚**は細切りにする。
2 フライパンに**オリーブオイル小さじ2**を中火で熱し、ベーコンを炒め、脂が出たらほうれん草を加えて炒める。ほうれん草がほぐれて油がまわったら、**塩3つまみ**をふり、汁けをきった**コーン½缶（80g）**を加えてさっと炒める。仕上げに**粗びき黒こしょう少々**をふる。

point

ほうれん草や小松菜は根元を十字に切ってからゆでると、根元までおいしく食べられる。

作りおきも
OK！

朝から
10分

異なる食感の
野菜を
組み合わせて

にんじんといんげんの
たらこ炒め

プチプチしたたらこの食感が楽しい！

材料と作り方（2〜3回分）
1 **にんじん1本**は細切りにする。**さやいんげん4本**は斜め切りにする。**たらこ½腹**は身をこそげ取る。
2 フライパンに**ごま油小さじ2**を中火で熱し、にんじん、さやいんげんを入れて炒め、しんなりしてきたら**塩2つまみ**をふり、たらこ、**酒・薄口しょうゆ各小さじ2**を加えて炒める。

作りおきも
OK！

朝から
10分

ピーマンの苦味に
とろけるチーズの
コクを絡めて

ピーマンのチーズ炒め

仕上げのだししょうゆがおいしさの決め手に!

材料と作り方(2〜3回分)

1 ピーマン3個は8mm幅に切る.

2 フライパンにオリーブオイル小さじ2を中火で熱し、1を入れて炒め、しんなりしてきたら塩少々をふる。とろけるチーズ60gを加えてゆっくりと炒める。だししょうゆ小さじ1、こしょう少々を加えてさっと炒める。

作りおきも
OK!

朝から
10分

かつお節を
たっぷりと
まぶして!

たけのこのおかか炒め

かつお節としょうゆの味つけでごはんにぴったり

材料と作り方(2〜3回分)

1 ゆでたけのこ½本は食べやすく切る。

2 フライパンに植物油小さじ1を中火で熱し、1を入れてしっかりと炒める。きつね色の焦げ目が少しついてきたら、酒小さじ2、しょうゆ小さじ1、砂糖小さじ½、かつお節1パック(2.5g)を加えて煮汁がなくなるまで炒める。

作りおきも
OK!

朝から
10分

ウインナーで
手軽に
旨味をプラス

キャベツとウインナーの卵炒め

塩、こしょうの味つけで、どんなおかずにも合う

材料と作り方(2〜3回分)

1 キャベツ2枚はざく切りにする。ウインナー3本は斜め切りにする。卵2個は溶きほぐす。

2 フライパンにオリーブオイル小さじ2を中火で熱し、ウインナーを入れて炒め、脂が出たら、キャベツを加えて炒める。しんなりしてきたら、塩3つまみをふり、溶き卵を流し入れ、ふんわりするようにゆっくりと炒める。仕上げに粗びき黒こしょう少々をふる。

作りおきも
OK!

朝から
10分

ミネラル満点！和え物バリエ

和えるだけ、ゆでて和えるだけなど、手軽に作れる和え物は、あともう一品作りたいとき
に便利！じゃこやツナ、納豆昆布などを加えると、旨味がアップしておいしいです。

切り干し大根の
シャキシャキ食感が
よいアクセント！

切り干し大根と
じゃこのレモン和え

旨味と酸味がマッチした、
箸休めにおすすめの一品

材料と作り方（5〜6回分）
1 切り干し大根15gは水で戻し、しっか
　りと水けをきる。レモン（スライス）
　5枚はいちょう切りにする。
2 ボウルに1、ちりめんじゃこ15g、米
　酢大さじ1、オリーブオイル大さじ2、
　塩2つまみ、こしょう少々を加え、和
　える。

作りおきも
OK！

夜仕込む
とラク

野沢菜の
しっかり味で
ごはんが進む

野沢菜とにんじん、
なめこの昆布和え

なめこと納豆昆布のネバネバで
味がよくなじむ！

材料と作り方（5〜6回分）
1 野沢菜漬け80gは5mm幅に切る。にん
　じん1/3本は細切りにして塩揉みし、水
　けをきる。なめこ1袋（100g）はさっ
　とゆでて水けをきる。
2 ボウルに1、納豆昆布5g、だししょう
　ゆ小さじ1、白炒りごま大さじ1を入
　れ、和える。

作りおきも
OK！

朝から
10分

たこときゅうりと わかめの甘酢和え
さっぱりしたものが食べたいときにピッタリ!

白炒りごまを ふっても、 おいしい!

材料と作り方（3～4回分）

1 たこ（足）1本は小さめの乱切りにする。きゅうり½本はたこの大きさに合わせて乱切りにし、塩揉みして水けをきる。塩蔵わかめ15gは水で戻し、水けをきって小さめの乱切りにする。

2 ボウルに1、しょうゆ大さじ1、米酢大さじ3、砂糖大さじ2½、塩小さじ½を入れ、和える。

作りおきも OK!　朝から 10分

ゴーヤの苦味を ツナでマイルドに 食べやすく

ゴーヤとツナのおかかマヨ和え
ゴーヤの苦味とツナマヨのコクが相性抜群

point

ゴーヤはワタをしっかり取ると苦味がおさえられるので、苦手な人はギリギリまで取り除く。

材料と作り方（3～4回分）

1 ゴーヤ½本は薄切りにし、塩揉みして水けをきる。ツナ小1缶は油または水けをきる。

2 ボウルに1、かつお節1パック（2.5g）、マヨネーズ大さじ2、塩・こしょう各少々を入れ、和える。

作りおきも OK!　朝から 10分

じゃがいもと キャベツのスパイス和え
カレーとクミンの風味であとを引く!

粉チーズの コクを加えて 濃厚仕上げ

材料と作り方（5～6回分）

1 じゃがいも1個は6等分に切り、5分ほど水にさらし、耐熱ボウルに入れてふんわりとラップをし、電子レンジで3分加熱し、粗熱を取る。キャベツ⅛個は太めのせん切りにする。

2 フライパンにオリーブオイル大さじ1とクミン小さじ1を入れて弱火にかけ、ふつふつとしてきたら、キャベツを加えて中火でさっと炒める。じゃがいもを加え、じゃがいもを粗くつぶすように炒め合わせ、塩小さじ⅛、味つきカレーパウダー小さじ1、砂糖1つまみ、こしょう少々を加えて調味し、火を止めて粉チーズ・オリーブオイル各大さじ1を加えて混ぜる。

作りおきも OK!　朝から 10分

たっぷり作りおき!
マリネ バリエ

野菜のマリネは定番ですが、
ほたてやえび、たこなどの
魚介も一緒にマリネすれば、
食べ応えのあるおかずになります。
夜作っておけば、よく味がなじんで
おいしくなります。

基本のマリネ液 冷蔵 1週間

材料(作りやすい分量)
オリーブオイル120㎖、米酢大さじ3、
塩小さじ⅔、こしょう少々を混ぜる。

夏野菜のグリルマリネ
焼き野菜の甘味がおいしいカラフルマリネ

材料と作り方(5〜6回分)
1 なす・ズッキーニ各1本は輪切りにする。パプリカ½個(色はお好みでOK)は細切りにする。
2 グリルパンまたはフライパンで、1、ミニトマト6個、さやいんげん6本を焼き、粗熱を取る。
3 保存容器に2を入れ、基本のマリネ液をひたひたに注ぎ、冷蔵庫でなじませる。

お弁当の彩りが
足りないときに
大活躍

冷蔵 4〜5日 夜仕込むとラク

基本のマリネ液
を使わずに
作るマリネ!

冷蔵 4〜5日 夜仕込むとラク

きのこのマリネ
にんにくの風味とピリ辛味でおいしい!

材料と作り方(5〜6回分)
1 マッシュルーム1パックは石づきを切り落とし、縦にスライスする。しめじ1パックは石づきを切り落とし、ほぐす。エリンギ1パックは4㎝長さに切り、縦3〜4等分に切る。
2 フライパンににんにく(みじん切り)1かけ分、赤唐辛子(種を取り除く)1本、ローリエ1枚、オリーブオイル50㎖を入れて火にかけ、にんにくがふつふつとしてきたら、1を加えて炒め、油がまわってしんなりしたら、塩2つまみ、米酢大さじ1〜2(酸っぱい方が好みの方は大さじ2)、しょうゆ・みりん各小さじ2を加えて炒める。

ズッキーニとほたての
ケッパーマリネ

ツナとほたての旨味とケッパーの塩けがマッチ

材料と作り方（3〜4回分）

1 ズッキーニ1本は1cm角に切る。ボイルほたて小8個（約60g）は大きければ食べやすく切る。

2 フライパンにオリーブオイル小さじ2を熱し、ズッキーニを入れて全面焼き色がつくまで焼き、塩少々をふり、粗熱を取る。

3 2と同じフライパンにオリーブオイル小さじ1を熱し、油または水けをきったツナ1/2缶、ボイルほたてをさっと炒め、塩少々をふり、粗熱を取る。

4 保存容器に2、3、ケッパー大さじ1強、基本のマリネ液大さじ3を入れて和え、冷蔵庫でなじませる。

冷蔵 4〜5日　夜仕込むとラク

ズッキーニにマリネ液がよくなじんで◎

えびとパセリ、ミニトマトで洋風な一品

冷蔵 4〜5日　夜仕込むとラク

えびとミニトマト、
くるみのマリネ

洋風のお弁当にピッタリ！おしゃれな一品

材料と作り方（3〜4回分）

1 くるみ30gはフライパンでさっと乾炒りする。ミニトマト4個は半分に切る。

2 保存容器に1、ゆでえび8尾、オリーブ（輪切り）25g、パセリ（みじん切り）適量を入れ、基本のマリネ液をひたひたに注ぎ、冷蔵庫でなじませる。

point

くるみなどのナッツは小さなフライパンでさっと炒ってから使うと香ばしくておいしい。

たことれんこんのマリネ

たこの弾力と、シャキッとしたれんこんの食感が◎

青じそがさわやか！食感を楽しで

材料と作り方（3〜4回分）

1 たこ（足）1本は小さめの乱切りにする。れんこん小1節は、小さめの乱切りにし、酢水にさらす。紫玉ねぎ1/6個はみじん切りにし、青じそ4枚は粗みじん切りにする。

2 保存容器に1、塩少々、基本のマリネ液大さじ3を入れて和え、冷蔵庫でなじませる。

冷蔵 4〜5日　夜仕込むとラク

水分が少なくて傷みにくい！サラダバリエ

お昼にサラダを食べたいけれど、お弁当だとどんなサラダにしたらいいかわからない…と思っている人も多いのでは？ 水分が少なく、お弁当に詰めやすいサラダを紹介します。

サラダpoint

紫キャベツを入れると彩りがよくなるのでサラダにおすすめ。

サラダや和え物の酸味をつけるのに、レモンペーストが便利。水っぽくなりにくいから、お弁当におすすめ。肉や魚を焼くときや、クリームパスタに加えてレモン風味にしたりと使い方もいろいろ。

> きくらげ のコリコリ食感がアクセント

> レモン汁でさっぱりと仕上げて

中華風春雨サラダ

ごまドレッシングがよく絡んでおいしい！

材料と作り方（3〜4回分）

1 春雨25gは熱湯で戻し、食べやすい長さに切る。きくらげ5枚は水で戻し、細切りにする。ハム3枚は細切りにする。きゅうり½本はせん切りにする。

2 ボウルに1、ごまドレッシング適量を入れ、和える。

┌ **ごまドレッシングの材料と作り方（作りやすい分量）**
│ 白すりごま大さじ2、白練りごま大さじ1、しょうゆ大さじ2、酢大さじ1、ごま油小さじ1を混ぜ合わせる。

 作りおきもOK！   夜仕込むとラク

コールスローサラダ

かにかまの旨味とコーンの甘味の相性バッチリ

材料と作り方（3〜4回分）

1 キャベツ⅛個、紫キャベツ2枚（なければ入れなくてもOK）は4cm長さのせん切りにする。きゅうり½本は輪切りにする。かに風味かまぼこ150gはほぐす。コーン½缶（80g）は汁けをきる。

2 ボウルに1、レモン汁（またはレモンペースト）小さじ2、マヨネーズ大さじ4、はちみつ小さじ½、塩・こしょう各少々を入れ、和える。

作りおきもOK！ 朝から10分

噛むほどに
旨味が染みでる
根菜サラダ

ホクッとした豆と
ベーコンの旨味が
たまらない

ささみを使って
ボリュームのある
一品に!

ごぼうサラダ

歯応えとしょうゆマヨの味つけがたまらない

材料と作り方(3〜4回分)

1 ごぼう¼本(約50g)は皮をむいて細切りにし、酢水に5分ほどさらす。にんじん½本、ちくわ大½本は半分の長さに切り、細切りにする。

2 フライパンにごま油大さじ1を熱し、1を炒め、野菜に火が通ったら、しょうゆ小さじ2、みりん大さじ1、塩少々を加えて味をととのえ、粗熱を取る。

3 ボウルに2、万能ねぎ(小口切り)1本分、マヨネーズ大さじ2を入れて和える。

作りおきも OK! / 朝から 10分

ミックスビーンズとベーコンのサラダ

作りおきも OK! / 朝から 10分

ゆでてあるミックスビーンズを使って手軽に完成

材料と作り方(3〜4回分)

1 ハーフベーコン2枚は細切りにする。

2 フライパンにオリーブオイル小さじ¼を熱し、1をカリカリになるまで炒め、油をきる。

3 ボウルに2、水けをきったミックスビーンズ(水煮またはドライパック)100g、オリーブオイル小さじ2、塩・こしょう各少々、しょうゆ小さじ1を入れ、和える。

point

ベーコンやウインナーなどを炒めるとき、少量の油で炒めると余分な脂が出やすくなる。

錦糸卵とささみと
きゅうりのサラダ

ささみはゆでてストックしておくと便利!

材料と作り方(3〜4回分)

1 錦糸卵(作りやすい分量)を作る。卵1個、砂糖小さじ½、塩少々を溶いてよく混ぜ、フライパンで薄く焼き、細切りにする。

2 きゅうり½本は細切りにし、青じそ2枚はせん切りにする。ゆでささみ(P80)2本は食べやすい大きさにさく。

3 ボウルに1適量、2、しょうゆ大さじ1、砂糖・酢各小さじ1、ごま油小さじ2、塩・こしょう各少々を入れ、和える。

作りおきも OK! / 朝から 10分

ひよこ豆といんげんの イタリアンサラダ

生ハムの塩けでお箸が進むおいしさ!

材料と作り方(3〜4回分)

1 さやいんげん8本は筋を取り除いてさっと塩ゆでし、1.5cm幅に切る。ミニトマト4個は半分に切り、紫玉ねぎ¼個はみじん切りにする。生ハム3枚は細かく刻む。

2 ボウルにひよこ豆(ドライパック)50g、1、オリーブオイル大さじ1½、酢大さじ½(または白ワインビネガー)、塩・こしょう各少々を入れ、和える。

ゆで卵のたらこマヨサラダ

ゆで卵は夜作っておくと、朝すぐ作れる!

材料と作り方(2回分)

ゆで卵2個は6等分くらいに切り、たらこマヨネーズ適量をかけ、パセリ(みじん切りまたはドライパセリ)適量をふる。

┌ たらこマヨネーズの材料と作り方(作りやすい分量)

たらこ小½腹は身をこそげ取り、マヨネーズ大さじ3と混ぜ合わせる。

point

パセリはみじん切りにして、ジッパーつき保存袋に入れて冷凍保存しておくと、サラダやグラタンなどのトッピングに使えて便利。

ひじきとウインナーの ブロッコリーマヨサラダ

和風のひじきをクリームチーズとマヨネーズ味に!

材料と作り方(3〜4回分)

1 ひじき8gは水で戻す。ウインナー4本は8mm幅の輪切りにし、オリーブオイル小さじ¼を熱したフライパンで色よく炒め、油をきっておく。ブロッコリー⅓株は小房に分け、少し固めに塩ゆでして粗熱を取り、水けをきる。

2 ボウルにクリームチーズ20g、マヨネーズ大さじ3、オリーブオイル小さじ2、しょうゆ小さじ1、塩・こしょう各少々を入れて混ぜ、1、汁けをきったコーン½缶(80g)を加えて和える。

春菊とドライクランベリーと くるみのサラダ

ドライフルーツやナッツが入ったおしゃれな一品

材料と作り方(2〜3回分)

1 ドライクランベリー大さじ2は、はちみつ小さじ1と混ぜておく。春菊⅙束は葉のやわらかい部分を摘み、冷水につけてシャキッとさせ、水けをきる。くるみ(炒ったもの)⅓カップは粗く刻む。

2 ボウルに1、オリーブオイル大さじ1½、塩・こしょう各少々を順に入れ、さっと和える。

point

ドライクランベリーははちみつに浸してしっとりと戻す。ドライフルーツをサラダに使うときは、はちみつや酢に浸してから混ぜると、甘酸っぱいドレッシングになっておいしい。

キャロットラペ

ナッツはお好みのもの、プルーンはレーズンにしても◎

材料と作り方(3〜4回分)

1 にんじん1本はスライサーなどで薄切りにし、さらに包丁でせん切りにする。プルーン3個は種を取り除いて刻み、酢大さじ1とはちみつ小さじ½に浸けておく。松の実20gはフライパンで弱〜中火にかけ、ほんのりきつね色になるまで炒る。

2 ボウルににんじんを入れ、塩2つまみを加えて軽く揉み、5分ほどおいてからペーパータオルで水けをしっかりと絞る。

3 2にオリーブオイル大さじ1を加えて混ぜ、残りの1、パセリ(みじん切り)適量、こしょう少々を加えて和える。

point

にんじんのせん切りは、しりしり器があると簡単にできるから、とっても便利。

ひじきとウインナーの
ブロッコリーマヨサラダ

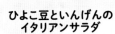

ひよこ豆といんげんの
イタリアンサラダ

春菊とドライクランベリーと
くるみのサラダ

ゆで卵のたらこマヨサラダ

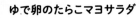

キャロットラペ

125

とろ～りおいしい！
一口グラタン バリエ

子どもから大人まで人気のグラタンは、お弁当では小さいサイズがおすすめです。
多めに作って冷凍保存することもできるから、ストックしておくと便利！

point

まとめて作ったら、シリコンカップなどに1回分ずつ小分けにすれば、冷凍で2週間ほど保存できる。

たっぷり具材にチーズがよく絡んで美味

ほうれん草とサーモンとしめじのグラタン

サーモンをカリッと焼くのがおいしさのコツ

材料と作り方(2回分)

1 **ほうれん草**⅓束はゆでて、2cm幅に切る。**サーモン(切り身)**1切れは1cm角に切り、塩・こしょう各少々をふる。**しめじ**½パックは石づきを切り落とし、小房に分ける。

2 フライパンに**バター**10gを熱し、サーモンを入れてカリッと焼いたら、ほうれん草、しめじを加えて炒め、火が通ったら**薄力粉**小さじ1を加えてだまにならないように炒める。**牛乳**1カップを少しずつ加え、とろみがつくまで炒める。

3 耐熱容器に2を入れ、**とろけるチーズ**適量をのせる。オーブントースターでおいしそうな焼き色がつくまで焼く。

作りおきもOK!

魚介のマカロニグラタン

具材と一緒に煮込んだホワイトソースが絶品！

材料と作り方(2回分)

1 **マカロニ**30gは袋の表示通りにゆでる。

2 **玉ねぎ**½個は粗みじん切りにし、**マッシュルーム**5個は十字に4等分に切る。**ベーコン**2枚は1cm幅に切る。**ほたて**小6個は半分に切る。

3 深めのフライパンか鍋に**バター**15gを熱し、2、**むきえび**小6尾を入れて炒める。油が回ったら、塩・こしょう各少々をふり、**酒**大さじ1を加え、10秒ほど炒めたら、**薄力粉**大さじ2を加えてよく炒め、**牛乳**100mlを少しずつ加えて炒め、1を加えてとろんとするまで炒める。

4 耐熱容器に3を入れ、**ピザ用チーズ**50g、**パン粉**適量をのせる。オーブントースターでおいしそうな焼き色がつくまで焼き、**パセリ(みじん切り)**適量を散らす。

作りおきもOK!

ほたてやマッシュルームの旨味たっぷり！

ハムとコーンとズッキーニの
マヨグラタン

ソースを使わないから、忙しい朝でも作りやすい

みずみずしい
ズッキーニと
マヨがよく合う◎

材料と作り方(2回分)

1 ハム2枚は8mm四方に切る。ズッキーニ⅓本は8mm角に切り、塩少々とオリーブオイル小さじ½を和えておく。

2 ボウルに 1 、汁けをきったコーン½缶(80g)、マヨネーズ小さじ2を入れて混ぜる。

3 耐熱容器に 2 を入れ、ピザ用チーズ適量をかけ、オーブントースターでおいしそうな焼き色がつくまで焼く。

作りおきも
OK!

朝から
10分

アスパラとゆで卵とベーコンの
グラタン

アスパラの食感とホクッとしたゆで卵がマッチ

材料と作り方(2回分)

1 アスパラガス2本は下のかたい部分を切り落とし、はかまを取り除き、斜め切りにする。ゆで卵1個は縦半分に切る。ハーフベーコン1枚は8mm幅に切る。

2 耐熱容器にオリーブオイル少量を塗り、1 を入れ、マヨネーズ小さじ1、ピザ用チーズ適量をかけ、オーブントースターでおいしそうな焼き色がつくまで焼く。

作りおきも
OK!

朝から
10分

具材にチーズを
のせて焼くだけ
だから簡単!

半分に切ったゆで卵を
そのまま入れて
食べ応えアップ

ブロッコリーとえびのチーズ焼き

えびとブロッコリーの食感がたまらない!

材料と作り方(2回分)

1 ブロッコリー⅙株は小房に分け、さっと塩ゆでする。

2 小さめの耐熱容器に、1 、ゆでえび6尾を入れ、ピザ用チーズ適量をのせ、オーブントースターでおいしそうな焼き色がつくまで焼く。

作りおきも
OK!

朝から
10分

簡単&すぐできる!
お手軽おかず ③

もう一品野菜のおかずが欲しいときにおすすめの
簡単レシピ! お弁当の彩りにも◎。

> ごはんに
> トッピングしたり
> すき間埋めに

パセリコーン炒め

パセリを合わせているから
さわやかな味わいに

材料と作り方(2〜3回分)
1 コーン½缶(80g)は汁けをきる。
2 フライパンにバター10gを弱めの中火
で熱し、1を入れて軽く色づくまで炒
める。塩・こしょう各少々で味をとと
のえ、パセリ(みじん切り)適量を加え、
さっと炒める。

作りおきも OK! / 朝から10分

> 一口サイズで
> お弁当箱に
> 詰めやすい!

作りおきも OK! / 朝から10分

芽キャベツソテー

見た目のかわいい芽キャベツを
シンプルな味つけで

材料と作り方(2〜3回分)
1 芽キャベツ6個は半分に切る。
2 フライパンにオリーブオイル小さじ2
を弱めの中火で熱し、1を入れて焼く。
おいしそうな焼き色がついたら、塩・
こしょう各少々で味をととのえる。

> さっぱり
> 食べられるから
> 箸休めに

しょうがきゅうり

しょうががアクセントになって
飽きずに食べられる

材料と作り方(2〜3回分)
1 きゅうり1本は小口切りにし、塩小さ
じ¼をふって揉み、しんなりしたら
ペーパータオルで水けを拭き取る。
しょうが(薄切り)5枚はせん切りに
する。
2 1を和える。

作りおきも OK! / 朝から10分

> ごま油と
> 炒りごまの風味が
> 広がって美味

作りおきも OK! / 朝から10分

ヤングコーンと
いんげんのごま油和え

野菜の歯応えとごま油の風味であとを引く一品

材料と作り方(2〜3回分)
1 ゆでヤングコーン4本は半分の長さに切る。さやいんげん
6本は筋を取り除き、3等分の長さに切り、塩ゆでして冷
ます。
2 ボウルに1、ごま油小さじ2、塩2つまみ、白炒りごま小
さじ1を入れ、和える。

> 冷蔵庫にある
> ドレッシングで
> 作れて簡単

作りおきも OK! / 朝から10分

にんじんのドレッシング和え

お弁当の彩りをパッと明るくしてくれる!

材料と作り方(2〜3回分)
1 にんじん1本は3cm長さの拍子木切りにし、塩ゆでしてザ
ルにあげ、粗熱を取る。
2 1の水けをきり、好みのドレッシング適量を和える。

PART 4

ごはん・パン・麺の
バリエーション

忙しい日や、献立を考えるのが面倒なときは、
そのまま持っていってもOKな、丼やパン、麺類のお弁当がおすすめ。
ちょっと豪華にしたい日は、普段のごはんを炊き込みごはんや、
おいなりさんなどに変えるだけでも特別感がアップします。
ダイエット中にうれしいサラダ弁当や、麺好きにはたまらない麺弁当なども
紹介していますので、好みに合わせて選んでみて下さい。

健康ダイエット弁当①

ひじきごはん弁当

肉巻きの断面からのぞく、オクラとヤングコーンがかわいらしいお弁当です。
ひじきやこんにゃくなど、食物繊維が豊富に含まれる食材もたっぷりでヘルシー！

ひじきとウインナーの
ブロッコリーマヨサラダ →P124

オクラ、ヤングコーンの
肉巻き →P31

ラディッシュのレモン漬け
→P17

ピリ辛こんにゃく →P110

錦糸卵

ひじき玄米ごはん

材料と作り方（作りやすい分量）
ひじき煮（P56）・玄米ごはん
各適量を混ぜ合わせる。

\ time table /

	前日	start		5		10		15
オクラ、ヤングコーンの肉巻き	-	巻く		焼く				
ラディッシュのレモン漬け	-				切る	漬ける		
ひじき玄米ごはん＆錦糸卵	ひじきごはんは前日作る					錦糸卵を作る		詰める
ピリ辛こんにゃく	作りおき							
ひじきとウインナーのブロッコリーマヨサラダ	作りおき							

健康ダイエット弁当②

かぼちゃの 肉巻き弁当

ごはんを少なめにしつつも、
黒米ごはんで華やかなお弁当です。
たくあんはお好みで型抜きすると、
かわいらしいお弁当になりますよ。

かぼちゃの肉巻き →P32

たくあん

にんじんのドレッシング
和え →P128

黒米ごはん

菜っ葉とじゃこの
ごまナムル →P189

紫キャベツとクランベリーの
サラダ →P17

ほたての照り焼き
→P40

ひたし豆 →P168

memo

ダイエット中でも ワクワクするお弁当に

健康ダイエット弁当というと茶色っぽいお弁当のイメージですが、黒米ごはんで華やかに！黒米ごはんは炊き上がって混ぜるときに、酢をほんの少し加えると色鮮やかになります。どんなときも、お弁当の蓋を開けたときのワクワクさを忘れずに！

\ time table /

	前日	start		5		10	15
かぼちゃの肉巻き	-	切る	レンチン	巻く	焼く		
にんじんのドレッシング和え	-	切る		ゆでる		和える	
たくあん	-		切って型で抜く				
ひたし豆	作りおき					詰める	
菜っ葉とじゃこのごまナムル	作りおき						
紫キャベツとクランベリーのサラダ	作りおき						
ほたての照り焼き	作りおき						

健康ダイエット弁当③

かじきのマスタード照り焼き弁当

かじきの照り焼きに粒マスタードをきかせれば、
照り焼きも、いつもと全く違った印象に。
アクセントになる調味料があると、塩分や甘みを
控えても、満足感がアップするのでおすすめです。

さつまいもの
レモン煮 →P105

ブロッコリーと
おかかのお浸し →P113

かじきのマスタード
照り焼き →P40

ゆでだこ

しょうがの甘煮 →P20

雑穀ごはん

\ time table /

	前日	start		5		10		15
かじきの
マスタード照り焼き	-	切る	焼く					
ゆでだこ	-				切る			
さつまいものレモン煮	作りおき					詰める		
ブロッコリーと
おかかのお浸し	作りおき							
しょうがの甘煮	作りおき							

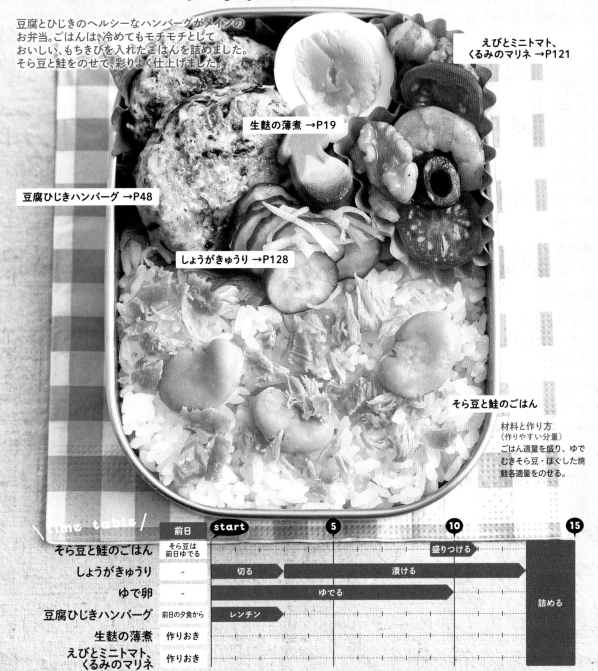

健康ダイエット弁当④

豆腐ひじき
ハンバーグ弁当

豆腐とひじきのヘルシーなハンバーグがメインの
お弁当。ごはんは、冷めてもモチモチとして
おいしい、もちきびを入れたごはんを詰めました。
そら豆と鮭をのせて、彩りよく仕上げました。

ゆで卵

memo

ヘルシーな食材を
ストックしておく

ひじきは「さぁ、使おう!」と思ったときに戻す工程でつまずきそうになるので、まとめて戻し、使う分ずつ冷凍しておくと便利です。今回のごはんのもちきびは、穀物の中で一番低カロリーといわれ、良質なミネラルや亜鉛なども含まれています。

えびとミニトマト、
くるみのマリネ →P121

生麩の薄煮 →P19

豆腐ひじきハンバーグ →P48

しょうがきゅうり →P128

そら豆と鮭のごはん

材料と作り方
(作りやすい分量)
ごはん適量を盛り、ゆで
むきそら豆・ほぐした焼
鮭各適量をのせる。

time table	前日	start		5		10		15
そら豆と鮭のごはん	そら豆は前日ゆでる					盛りつける		
しょうがきゅうり	-	切る			漬ける			
ゆで卵	-		ゆでる					
豆腐ひじきハンバーグ	前日の夕食から	レンチン						詰める
生麩の薄煮	作りおき							
えびとミニトマト、くるみのマリネ	作りおき							

133

具だくさん！
炊き込みごはん バリエ

お弁当が豪華になる、具だくさんの炊き込みごはんを紹介します。
普段のお弁当はもちろん、イベントがある日のお弁当にもピッタリです。

五目鯛めし

切り身でお手軽！ 具だくさんで
ほっこりする味に

鯛の身が
しっとりふっくら
仕上がり美味

材料と作り方(2合分)

1 鯛(切り身)2切れは塩をふり、冷蔵
庫に15分ほどおいて臭みを取り、出
てきた水分を拭き取り、酒大さじ1を
ふる。

2 干ししいたけ2枚は水で戻し、細切り
にする。にんじん⅓本は細切りにす
る。ごぼう¼本はささがきにし、5分
ほど酢水にさらしてアクを抜く。油揚
げ1枚は半分の長さに切り、細切りに
する。

3 白米2合をとぎ、炊飯釜に入れ、昆布
10㎝1枚、薄口しょうゆ・酒・砂糖
各大さじ2、塩小さじ½を加えたら、
水を2合の目盛りまで加え、30分ほ
どおく。

4 3に2を加え、1をのせて炊飯する。

5 炊き上がったら鯛を取り出し、骨を取
り除いてほぐしたら炊飯器に戻し入れ、
混ぜ合わせる。あれば紅しょうが・山
椒の葉各適宜を添える。

しょうがが
味をキリッと
引き締める

作りおきも
OK!

夜仕込む
とラク

ほたてと鶏のしょうがごはん

ほたてと鶏肉で旨味たっぷり！

材料と作り方(2合分)

1 ボイルほたて8個は小さければそのまま使い、大きいものなら半分または4等分に切る。鶏もも肉½枚は1cm角に切る。しょうが1かけはせん切りにする。油揚げ1枚は半分の長さに切り、細切りにする。

2 白米2合をとぎ、炊飯釜に入れ、酒大さじ2、薄口しょうゆ大さじ1½を加えたら、和風だし汁を2合の目盛りまで加え、30分ほどおく。

3 2に昆布10cm1枚、1をのせ、塩小さじ1、砂糖大さじ1を加えて炊飯する。

トマトたこめし

旨味たっぷり！松の実の食感がアクセント

材料と作り方(2合分)

1 たこ足2本は2mm幅に切る。ミニトマト10個は半分に切る。

2 白米2合をとぎ、炊飯釜に入れ、酒大さじ2、白だし50㎖、ローリエ1枚、鶏がらスープの素小さじ1、昆布10cm1枚、トマトを加えたら、水を2合の目盛りまで加え、30分ほどおく。

3 2に松の実20g、たこを加え、炊飯する。炊き上がったら、パセリ(みじん切り)適宜を散らしてもよい。

作りおきも
OK!

夜仕込む
とラク

たこのしっかりした
歯応えで
満足感たっぷり！

鮭と青菜、
きのこで
栄養満点ごはん

作りおきも
OK!

夜仕込む
とラク

鮭としめじと小松菜の炊き込みごはん

小松菜は最後に混ぜて彩りよく♪

材料と作り方(2合分)

1 紅鮭(切り身)2切れは、酒小さじ2をふり、30分ほどおく。しめじ1パックは石づきを取り除き、小房に分ける。小松菜½束は塩ゆでし、水けをきったら、細かく刻む。

2 白米2合をとぎ、炊飯釜に入れ、昆布10cm1枚、酒大さじ2、塩小さじ1を加えたら、水を2合の目盛りまで加え、30分ほどおく。

3 2にしめじ、鮭をのせ、炊飯する。

4 炊き上がったら鮭を取り出し、骨を取り除いてほぐす。炊飯器に戻し入れ、小松菜も加えて混ぜ合わせる。

point

鮭はあれば紅鮭を使うと、色が濃く、きれいな彩りになるのでおすすめです。

異なる山菜の
それぞれの食感を
楽しんで

作りおきも
OK!

夜仕込む
とラク

山菜とお揚げの炊き込みごはん

市販の山菜ミックスで簡単に！季節を問わず楽しめる

材料と作り方(2合分)

1 山菜ミックス(市販の水煮)200gは、ザルにあげてさっと洗う。油揚げ1枚は、半分の長さに切り、細切りにする。

2 白米2合をとぎ、炊飯器に入れ、酒大さじ2、白だし50㎖、塩・砂糖各小さじ1、昆布10cm1枚、1を加えたら、水を2合の目盛りまで加え、30分ほどおく。

3 2を炊飯する。

具材いろいろ！
おいなりさん バリエ

ワンパターンになりがちなおいなりさんですが、中に詰めるごはんを変えて楽しめます。
味つけいなりは保存できるので、ストックしておくと、食べたいときにすぐ使えて便利。

冷蔵	3〜4日	冷凍	2週間

味つけいなり

材料と作り方（いなり12個分）

平たい鍋（フライパンでもOK）に、半分に切った袋状のいなり用の油揚げ（市販）12枚をできるだけ重なり合わないように並べ、和風だし400㎖、みりん大さじ2½、砂糖90g、薄口しょうゆ大さじ3½を加え、落とし蓋をし、火にかける。沸騰したら弱火にし、時々ひっくり返したり、油揚げが重なり合う部分を変えながら7分ほど煮る。火を止め、そのまま冷ます。この状態で保存容器に入れ、冷凍保存も可。

＊普通の油揚げを使う場合は、油揚げ6枚を菜箸を押さえつけるように転がして、半分に切り、袋状に開いて使う。

酢めし

材料と作り方（2合分）

1 白米2合をとぎ、炊飯釜に入れ、昆布10㎝1枚、酒大さじ2を加えたら、水を2合の目盛りより少し少なめまで加え、30分ほどおいたら炊飯する。

2 酢100㎖、砂糖大さじ2、塩小さじ1を合わせ、砂糖が溶けるようによく混ぜておく。電子レンジで30秒加熱してもよいが、その場合は、冷ましておく。

3 炊けた1を飯台などに入れ、2を回しかけて、大きく大きく混ぜる。

point

すし酢とごはんを混ぜるときは、大きく混ぜるのがコツ。混ぜ終わったら、水分が飛んで乾かないように、ぬれ布巾をかけておくとよい。

ゆずれんこんいなり

じゃこと青じその
やさしい和風テイスト

れんこんの食感が
クセになる

かわいいピンク色の
ごはんが◎

じゃこと白ごまの青じそいなり

ゆかり混ぜ込み
いなり

新しょうがの
甘酢漬けとたくあんの
黒ごまいなり

作りおきも
OK!

ガリとたくあんを
混ぜ込んで
おいしさ広がる

ゆずれんこんいなり
甘いいなりにさわやかなゆずの風味がよく合う

材料と作り方(6個分)
1 れんこん小1節(約90g)はいちょう切りにし、5分ほど酢水にさらす。
2 小鍋に1、ゆずの搾り汁大さじ2、酢50㎖、砂糖大さじ2、塩2つまみを入れて火にかける。沸騰したら弱火にして1～2分煮て、そのまま冷ます。
3 酢めし茶碗3杯分、汁けをきった2、ゆずの皮(せん切り)適量、白炒りごま大さじ2を混ぜ合わせて6等分にし、味つけいなり6枚に詰める。

じゃこと白ごまの青じそいなり
シンプルな混ぜごはんでいなりの旨味を味わって

材料と作り方(6個分)
1 青じそ4枚は縦半分に切り、細切りにする。
2 酢めし茶碗3杯分、1、ちりめんじゃこ大さじ3、白炒りごま大さじ2を混ぜ合わせて6等分にし、味つけいなり6枚に詰める。

ゆかり混ぜ込みいなり
混ぜるだけで簡単!ゆかりの酸味が食欲そそる

材料と作り方(6個分)
1 酢めし茶碗3杯分、ゆかり小さじ2を混ぜ合わせて6等分にし、味つけいなり6枚に詰める。

point
具を用意しなくても、ゆかりを混ぜるだけで華やかないなりができる。ゆかり以外にも、青のりなどもおすすめ。

新しょうがの甘酢漬けとたくあんの黒ごまいなり
噛むたびに、漬物の食感を楽しめる♪

材料と作り方(6個分)
1 しょうがの甘酢漬け(ガリ)20gは食べやすい大きさのざく切りにする。たくあん4㎝は5㎜角に切る。
2 酢めし茶碗3杯分、1、黒炒りごま大さじ2を混ぜ合わせて6等分にし、味つけいなり6枚に詰める。

五目いなり
いなりの口を開けて詰めるとカラフルで楽しい!

材料と作り方(6個分)
1 にんじん6㎝は3㎝長さの細切りにする。干ししいたけ2枚は水で戻して水けをきり、細切りにする。戻し汁は100㎖とっておく。
2 かまぼこ小(細め)½本は8㎜角に切る。絹さや8枚はさっと塩ゆでし、水けをきり、斜め細切りにする。卵2個を溶き、塩・砂糖各2つまみを加え、炒り卵を作っておく。
3 鍋に1、しょうゆ・砂糖・酒各大さじ2を入れ、弱めの中火で汁けがなくなるまで煮る。
4 酢めし茶碗3杯分、2、3を混ぜ合わせて6等分にし、味つけいなり6枚に詰める。

彩り豊かで
お弁当がパッと
華やかに!

作りおきも
OK!

夜仕込むとラク

具材も形もいろいろ！
おにぎりバリエ

お弁当の主食といえばおにぎり！具材だけでなく、にぎり方も変えれば、バリエーションも広がります。前日の夕飯のおかずや、冷蔵庫にあるおかずを具材にして楽しんで。

おにぎりpoint

おにぎりの具におすすめのおかず

余ったおかずを入れたり、ごはんに混ぜたりすると、おにぎりのバリエーションがアップ！

- 卵焼き(P34)
- ほたての照り焼き(P40)
- 鶏のから揚げ(P42)
- ひじき煮(P56)
- かき揚げ(P94〜95)
- みょうがとツナのサラダ(P187)

天ぷらを具に！食べ応え十分なおむすび

青じそえび天むす

ごはんに混ぜた青のりの風味が具材とマッチ

ソーセージ卵おにぎり

朝から10分

青じそえび天むす

青じそを巻いて、さっぱり食べられる！

材料と作り方(2個分)

1 温かいごはん茶碗1杯分を茶碗に入れ、青じそ1枚を巻いたえびの天ぷら1本(残り物や市販でOK)を中に入れる。水で手をぬらし、塩適量をつけてにぎる。にぎりづらかったら、ラップやガーゼに包んでにぎる。これを2個作る。

2 1に焼きのり⅔枚(1枚を縦3等分に切ったもの)を巻きつける。

朝から10分

ソーセージ卵おにぎり

ボリューム満点！食べ盛りの子どもが喜ぶおにぎり

材料と作り方(2個分)

1 ボロニアソーセージ(5mm幅に切ったもの) 2枚はフライパンで両面焼く。ボウルに卵1個、塩・砂糖各2つまみを入れて混ぜ、卵焼きを作り、2等分にする。

2 温かいごはん茶碗2杯分と青のり小さじ2を混ぜ、2等分にする。水で手をぬらし、塩適量をつけてだ円ににぎる。

3 2に卵焼き1個、マヨネーズ適量(小さじ¼くらい)、ボロニアソーセージ1枚をのせ、焼きのり適量を巻く。これを2個作る。

三つ葉塩ごま油にぎり

ごま油の風味も三つ葉を加えてさわやかに

材料と作り方（2個分）

1 三つ葉½束はゆで、8mm幅のざく切りにする。
2 ボウルに温かいごはん茶碗2杯分、1、塩適量、白炒りごま大さじ1、ごま油小さじ2を入れて混ぜ、2等分にし、ラップやガーゼに包んでにぎる。これを2個作る。
3 2に韓国のり適量を巻く。

ごま油と韓国のりの相性が抜群

朝から10分

三つ葉塩ごま油にぎり

おかかとごまと
じゃこまぶしおにぎり

香りと旨味がごはんになじんでおいしい！

材料と作り方（2個分）

1 ボウルに温かいごはん茶碗2杯分、かつお節1パック（2.5g）、白炒りごま大さじ1、ちりめんじゃこ大さじ2、だししょうゆ小さじ2を入れて混ぜ、2等分にする。水で手をぬらし、塩適量をつけてにぎる。にぎりづらかったら、ラップやガーゼに包んでにぎる。これを2個作る。

朝から10分

だししょうゆが旨味の極めつき！

**おかかとごまと
じゃこまぶしおにぎり**

漬物を変えればおにぎりバリエがさらに増える！

たくあんと柴漬けおにぎり

たくあんと柴漬けおにぎり

2種類の漬物の食感を楽しんで♪

材料と作り方（2個分）

1 たくあん・柴漬け各適量は8mm角に切る。
2 ボウルに温かいごはん茶碗2杯分、1を入れて混ぜ、2等分にする。水で手をぬらし、塩適量をつけてにぎる。にぎりづらかったら、ラップやガーゼに包んでにぎる。これを2個作る。

朝から10分

巻き巻きのり巻きバリエ

おにぎりから気分を変えて、のり巻きにしてみるのもおすすめ！ 卵や野菜、肉などで
具だくさんにしても、梅やきゅうりでさっぱりさせても◎。お好みの具材で楽しんで。

厚焼き卵とたらこのり巻き

卵焼きの甘味とたらこの塩けが相性抜群！

材料と作り方(2本分)
1 卵焼き(P34参照)を焼く。たらこ1腹は½腹ずつに分け、身をこそげ取る。
2 焼きのり1枚は半分に切り、卵焼きは縦半分に切ってから、焼きのりの幅に合わせて切る。
3 切った焼きのり1枚に酢めし(P136)茶碗1杯分をのせて広げ、手前側に卵焼き、たらこ½腹をのせ、巻く。これをもう1本作る。

朝から10分

かにかまと卵焼きとツナの
レタスのり巻き

ツナマヨのコクとサンチュのみずみずしさがよく合う

材料と作り方(2本分)
1 卵焼き(P34)を焼く。ツナ缶1缶は油または水けをきり、マヨネーズ小さじ2、しょうゆ小さじ1、塩・こしょう各少々と混ぜ合わせる。
2 焼きのり1枚は半分に切り、卵焼きは棒状に切ってから、焼きのりの幅に合わせて切る。
3 切った焼きのり1枚に、温かいごはん茶碗1杯分をのせて広げ、手前側にサンチュ2枚、青じそ2枚、1のツナと卵焼き、かに風味かまぼこ3本をのせ、巻く。これをもう1本作る。

朝から10分

同じ具材でおにぎりを作っても◎

具だくさんで切った断面が華やか！

かにかまと卵焼きとツナの
レタスのり巻き

厚焼き卵とたらこ
のり巻き

汁けを飛ばして
煮詰めたツナの
旨味が凝縮!

しっかり味で
サンチュもペロリと
食べやすい!

焼肉レタス
のり巻き

甘辛ツナと
青じそのり巻き

梅きゅうり
のり巻き

のりの香ばしさを
シンプルに
感じられる♪

甘辛ツナと
青じそのり巻き

あと味がさっぱりとする酢めしと
青じその風味がさわやか

材料と作り方(2本分)

1 ツナ缶1缶は油または水けをきり、小鍋に入れ、しょうゆ小さじ2、砂糖小さじ1を加えて火にかけ、水分を飛ばすように煮詰め、冷ます。

2 焼きのり1枚は半分に切る。切った焼きのり1枚に酢めし(P136)茶碗1杯分をのせて広げ、手前側に青じそ2枚、半量の1をのせて巻く。これをもう1本作る。

梅きゅうりのり巻き

梅干しときゅうりの組み合わせは
夏バテ予防にも◎

材料と作り方(2本分)

1 梅干し4個は種を取り除き、叩く。きゅうり1本は細長く切る。

2 焼きのり1枚は半分に切る。切った焼きのり1枚に温かいごはん茶碗1杯分をのせて広げ、手前側に梅干しときゅうりをのせ、巻く。これをもう1本作る。

焼肉レタスのり巻き

牛肉と焼肉のタレで食欲をそそる
一品に!

材料と作り方(2本分)

1 フライパンに植物油小さじ½を熱し、牛こま切れ肉150gを炒め、焼肉のタレ大さじ1½、はちみつ小さじ1で調味する。

2 焼きのり1枚(または韓国のり1枚)を半分に切り、温かいごはん茶碗1杯分をのせて広げ、手前側にサンチュ2枚、1をのせ、巻く。これをもう1本作る。

黄身で映える！卵さえあれば
のっけ丼バリエ

ゆで卵、炒り卵、目玉焼きと形を変えて楽しめる卵を使った丼をご紹介。
丼弁当は、他におかずがなくても満足できるから、組み合わせを考えなくてすむのがうれしい！

チャーシューエッグ

チャーシューを手作りして心おきなく厚切りに！

のりを間に
敷いて
風味アップ

材料と作り方（1回分）

お弁当箱に温かいごはん茶碗1杯分を盛り、ちぎった焼きの
り適量、食べやすい厚さに切った**チャーシュー3枚**（下記ま
たは市販）、**目玉焼き1個**、ゆでた**小松菜**適量をのせ、チャー
シューのタレ適量をかける。

┌ チャーシューの材料と作り方（作りやすい分量） ┐

1. 豚肩ロースかたまり肉600gにしょうが（すりおろし）½かけ分、
   砂糖大さじ½をよく揉み込む。ボウルにしょうゆ大さじ4、み
   りん大さじ3、砂糖大さじ2を入れて混ぜ合わせ、豚肉を30
   分〜1時間ほど、時々返しながら漬ける。
2. オーブンを200℃に予熱し、1を入れ、190℃に下げて20分、
   200℃にあげてさらに15分焼く。このとき、7分おきくらい
   に1の漬け汁に絡ませながら焼いていく。
3. 1の漬け汁を火にかけて一度沸騰させ、焼き上がった2を漬け、
   アルミホイルをかぶせ、粗熱を取る。このときは、10分おき
   くらいに肉を返す。

夜仕込むとラク

えびチリ卵丼

プリプリのえびととろ〜り卵の食感が楽しめる

おかずにもなる
えびチリで
ワンボウル弁当！

材料と作り方（1回分）

1. ボウルに卵2個、塩少々を入れて溶く。フライパンにごま
   油小さじ1を熱し、卵液を流し入れ、5秒ほど触らずにおき、
   そこから大きくふんわりと混ぜて焼く。
2. お弁当箱に温かいごはん茶碗1杯分を盛り、**1**適量、**えび
   チリ**適量をのせ、**万能ねぎ（小口切り）**適量をのせる。

┌ えびチリの材料と作り方（作りやすい分量） ┐

1. えび（ブラックタイガーなど）20尾は殻をむき、背ワタを取り
   除く。ペーパータオルで水けを拭き取り、塩・こしょう各少々、
   卵白1個分、酒大さじ1、片栗粉大さじ4を揉み込んだら、揚
   げ油適量で揚げる。トマト1個は1cm角に切る。
2. フライパンに植物油大さじ1、長ねぎ（みじん切り）⅓本分、しょ
   うが・にんにく（みじん切り）各1かけ分を入れて弱火にかけ、
   香りが出るまで炒める。トマト、トマトケチャップ大さじ2、
   豆板醤小さじ1（好みで辛くしてもOK）、はちみつ大さじ1、
   酒大さじ2、しょうゆ・ごま油各大さじ1を加えて煮立ったら、
   えびを加えて和える。

夜仕込むとラク

花型に抜いた
かまぼこが
かわいい！

木の葉丼
だしがきいた甘辛ダレが玉ねぎによく合う

材料と作り方（1回分）

1 紅かまぼこ½本はピンクの部分を5mmほどの厚さにかつらむきのようにむき、花型で抜く。白い部分は5mm幅に切り、花型で抜く。玉ねぎ½個は5mm幅に切る。卵2個は溶く。
2 小鍋に和風だし汁100㎖、砂糖大さじ1½、しょうゆ・みりん各大さじ1を入れて火にかけ、煮立ったら玉ねぎとかまぼこを加える。玉ねぎがしんなりしてきたら、溶き卵を加えて蓋をし、好みのかたさまで火を通す。
3 お弁当箱に温かいごはん茶碗1杯分を盛り、2をのせ、ゆでた三つ葉（ざく切り）適量をのせる。

朝から
10分

焼鳥ゆで卵丼
香ばしい焼きねぎやゆで卵といっしょに頬張って

材料と作り方（1回分）

1 鶏もも肉½枚は一口大に切り、塩小さじ¼をまぶす。長ねぎ⅓本は3cm幅に切る。フライパンにごま油小さじ1を熱し、鶏肉を皮目から焼き、焼き色がつき、カリカリになったら裏返し、長ねぎを加えて焼き目がつくま
で焼く。酒・砂糖各大さじ1、しょうゆ小さじ2、和風だしの素（顆粒）2つまみを加え、汁けがとろりとするまで煮詰める。
2 お弁当箱に温かいごはん茶碗1杯分を盛り、1、ゆで卵½個をのせ、刻みのり適量を散らす。

駅弁風の
しっかり味で
箸が進む！

朝から
10分

黒豆ごはんで
お弁当が
華やかに！

point

うなぎの蒲焼き
に緑茶を小さじ2
くらいふってから
電子レンジで加
熱すると、ふわっ
と仕上がる。

朝から
10分

うなぎ卵丼
ふっくらとしたうなぎとやわらかい卵が絶品！

材料と作り方（1回分）

1 うなぎの蒲焼（市販）½串は耐熱皿にのせ、さっと水（あれば緑茶）適量をふる。ふんわりとラップをかけ、電子レンジで1分20秒加熱する。
2 ボウルに卵2個、塩2つまみ、砂糖小さじ1⅓、酒小さじ1を入れて混ぜる。卵焼き用のフライパンに植物油小さじ2を熱し、卵液を流し入れ、火が通り始めたら半分に畳み、薄い卵焼きを作る。
3 お弁当箱に黒米ごはん茶碗1杯分（または普通のごはん）を盛り、2を崩してのせ、1をおき、蒲焼きの付属のタレ適量をかける。あれば木の芽2枚をのせ、山椒適宜をかける。

和・洋・中の 炒めごはん バリエ

冷凍ごはんや冷蔵庫にある具材でパパッと作れる炒めごはん。具だくさんにすれば、
満足感もアップするだけでなく、お弁当の彩りもよくなるのがうれしい!

五目チャーハン

旨味たっぷりの食材をふんだんに使って美味!

材料と作り方(1〜2回分)

1 長ねぎ½本は小口切りにする。ハム2枚は8mmの色紙切りにし、かまぼこ⅓本は5mm角切りにする。えび4尾は背ワタを取り除き、3等分に切る。

2 卵2個は溶く。フライパンを熱して植物油(またはラード)小さじ2を入れ、溶き卵を流し入れ、ふんわりと炒め、一度取り出す。

3 2のフライパンを熱して植物油小さじ1を入れ、1を加えてさっと炒め、温かいごはん茶碗2杯分を加えてさらに炒め、具材と混ざり、ごはんがほぐれたら、塩・こしょう各少々をふる。2を戻し入れ、しょうゆ小さじ2を加え、炒める。万能ねぎ(小口切り)適量を散らす。

おうちで作る
しっとりおいしい
チャーハン♪

作りおきも
OK!

朝から
10分

ドライカレー

作りおきも
OK!

食欲増進間違いなしのカレー味!

材料と作り方(1〜2回分)

1 ウインナー3本は8mm幅に切る。玉ねぎ¼個はみじん切りにし、にんじん¼本、ピーマン1個は8mm角に切る。

2 フライパンにバター10gを熱し、玉ねぎ、にんじんを入れて炒める。火が通ったら、ウインナー、ピーマンを加えて炒め、塩・こしょう各少々をふる。

3 2に温かいごはん茶碗2杯分、味つきカレーパウダー小さじ2、トマトケチャップ小さじ2、酒小さじ2を加えてよく炒め、塩・こしょう各少々で味をととのえる。ゆで卵(スライス)適宜や、パセリ(みじん切り)適宜をのせる。

スライスした
卵をのせて
たんぱく質摂取

point

カレー粉に調味料がブレンドされた、味つきカレーパウダーは、味つけが簡単なのでお弁当おかずにおすすめ。マカロニなどに加えてもおいしいです。

144

チキンライス

目玉焼きやふんわり卵をのせるのもおすすめ!

取った鶏皮は
カリカリに焼いて
おつまみに!

材料と作り方(1〜2回分)

1 鶏もも肉½枚は脂と皮を取り除き、1cm角に切る。ハーフベーコン2枚は細切りにする。玉ねぎ½個はみじん切りにし、マッシュルーム4個は縦4等分に切る。

2 フライパンにバター10gを熱し、鶏肉を加えて火が通るまで炒め、塩・こしょう各少々をふり、ベーコンを加えて炒める。火が通ったら玉ねぎを加え、しっとりするまで炒めたら、マッシュルームを加え、火が通るまで炒める。しょうゆ・赤ワイン(または酒)各大さじ1、トマトケチャップ大さじ2を加え、煮詰まるまで炒める。

3 2に温かいごはん茶碗2杯分を加えて炒め、グリーンピース大さじ1を加えてさっと炒める。

作りおきも OK! 朝から 10分

シャキシャキの
レタスで
さっぱりと!

じゃことレタスのチャーハン

ベーコン、ちくわ、じゃこで旨味がたっぷり!

材料と作り方(1〜2回分)

1 ハーフベーコン2枚は細切りにし、ちくわ小1本は粗みじん切りにする。にんじん⅓本は粗みじん切りにし、レタス¼個はざく切りにする。

2 卵2個は溶く。フライパンを熱して植物油(またはラード)小さじ2を入れ、溶き卵を流し入れ、ふんわりと炒め、一度取り出す。

3 2のフライパンを熱して植物油(またはラード)小さじ1を入れ、にんじんを入れて火が通るまで炒め、ベーコン、ちくわ、ちりめんじゃこ大さじ2を加えてさっと炒める。温かいごはん茶碗2杯分を加え、具材と混ざり、ごはんがほぐれたら、塩・こしょう各少々をふる。2、レタスを加えてさっと炒め、しょうゆ小さじ2を加えて炒める。

作りおきも OK! 朝から 10分

たらこ野菜チャーハン

プチプチのたらこと野菜の食感を楽しんで

材料と作り方(1〜2回分)

1 にんじん⅓本、キャベツ1枚は粗みじん切りにする。たらこ½腹は身をこそげ取る。

2 卵2個は溶く。フライパンを熱して植物油(またはラード)小さじ2を入れ、溶き卵を流し入れ、ふんわりと炒め、一度取り出す。

3 2のフライパンに植物油(またはラード)小さじ1を入れ、にんじん、キャベツを加えてにんじんに火が通るまで炒め、酒小さじ2、塩少々を加えて水分を飛ばすように炒める。温かいごはん茶碗2杯分を加え、具材と混ざり、ごはんがはぐれたら、たらこ、塩・こしょう各少々を加えて炒める。2を戻し入れ、炒める。

野菜も加えて
栄養バランスと
彩りアップ♪

作りおきも OK! 朝から 10分

組み合わせ自由自在！
三色丼の具バリエ

とにかく時間がない！ という日は、ストックおかずで三色丼が便利です。
色あいが違うおかずをストックしておくと、詰めたときの彩りが格段にアップ！

鶏そぼろ

材料と作り方（作りやすい分量）
鍋に鶏ひき肉250g、砂糖大さじ1、薄口しょうゆ・みりん・酒各大さじ2、しょうが（すりおろし）1かけ分、塩1つまみ、和風だしの素（顆粒）2つまみを入れ、よく混ぜてから弱めの中火にかける。ぼろぼろになって水分がなくなるまで、ときどきかき混ぜながら（割り箸を4本使うとやりやすい）火にかける。

干ししいたけの甘煮

材料と作り方（作りやすい分量）
干ししいたけ6枚は水2カップに半日浸し、冷蔵庫でじっくり戻し、軸を切り落とす。鍋に干ししいたけの戻し汁1カップ、きび砂糖30g、しょうゆ大さじ1、しいたけを入れ、20分ほど弱火で煮含める。お弁当に入れるときに、薄切りにする。

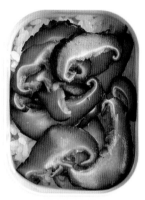

牛しぐれ煮

材料と作り方（作りやすい分量）
牛こま切れ肉250gは食べやすいように1～2cm幅に切る。鍋に牛肉、しょうが（せん切り）1かけ分、しょうゆ大さじ4、酒・きび砂糖各大さじ2を入れ、絡ませるようによく混ぜ、火にかける。水分を飛ばすように混ぜながら、チリチリになるように煮込む。最後の方で脂が出てくる場合は、ペーパータオルで脂を取り除き、みりん大さじ2を加え、汁がなくなるように煮込む。

焼きたらこ

材料と作り方（作りやすい分量）
たらこ適量を魚焼きグリルやトースターで焼いてからほぐす。フライパンにオリーブオイルやごま油などを熱し、炒めてほぐしてもよい。

えびそぼろ

材料と作り方（作りやすい分量）
えび8尾は殻と背ワタを取り除き、包丁で細かくなるまで叩く。鍋にえび、酒大さじ1、塩少々、薄口しょうゆ小さじ1、砂糖1つまみを入れて混ぜたら、弱めの中火にかける。煮立ったら弱火にし、水分を飛ばす。

炒り卵

材料と作り方（作りやすい分量）
卵2個、塩・砂糖各2つまみを溶き、植物油小さじ2を熱したフライパンで炒める。

焼き鮭ほぐし

甘口塩鮭を焼いてほぐし、骨をきれいに取り除く。市販の鮭フレークでもよい。

魚肉ソーセージ

2〜3㎜幅に切り、型抜きする。角切りなど、好みの形ででもよい。

しらす干し

市販のものをそのまま使って。

あみの佃煮

市販のものをそのまま使って。

ゆでにんじん

3㎜幅に切って型で抜き、塩ゆでする。角切りなど、好みの形ででもよい。

ゆで三つ葉

塩ゆでし、冷水にさらして水けをよくきり、1㎝幅に刻む。

ゆでいんげん

筋を取り除いて塩ゆでし、冷めたら5㎜幅に切る。

枝豆

塩ゆでし、さやから豆を取り出す。

たくあん

食べやすい大きさに切る。

高菜漬け

市販のものをそのまま使って。

三色丼の組み合わせ例

＼ やさしい色あいの ほっこり弁当！ ／

牛しぐれ煮 ＋ ゆでにんじん ＋ ゆで三つ葉

鶏そぼろ ＋ 高菜漬け ＋ たくあん

＼ 市販の漬け物で 超時短弁当！ ／

炒り卵 ＋ えびそぼろ ＋ ゆでいんげん

＼ しぐれ煮の煮汁が 染みた和風弁当！ ／

具だくさんでヘルシー！
サラダ弁当バリエ

ヘルシーで野菜がたっぷりだからダイエット中にも◎。保冷剤を入れて持って行くか、冷蔵庫に
お弁当を入れられる人におすすめ！ドレッシングなどは夜仕込んで、朝は野菜の準備をすればラク。

簡単に作れる
ドレッシングで
野菜が進む

夜仕込む
とラク

サウザンドレッシングの
材料と作り方（作りやすい分量）
マヨネーズ大さじ3、トマトケ
チャップ大さじ2、にんにく（す
りおろし）少々、牛乳小さじ1、塩・
こしょう各少々を混ぜ合わせる。

コブサラダ
ゴロゴロの具材をたっぷり詰めたボリュームサラダ

材料と作り方（1回分）

1 レタス¼個（好みの葉野菜でもOK）は氷水につけてシャ
キッとさせ、手で食べやすい大きさにちぎる。ミニトマト
4個は半分に切り、きゅうり⅓本は8mm角に切る。アボカ
ド½個は1cm角に切る。ゆで卵1個は4等分に切る。

2 鶏むね肉½枚は、調理する30分前に常温に戻してから、塩・
こしょう各少々、オリーブオイル適量をまぶす。魚焼きグ
リルで10分ほど焼き、アルミホイルに包んで10分ほどお
いて冷ましたら、1cm角に切る。

3 ブロックベーコン20gは細切りにし、フライパンでカリカ
リに焼き、脂を取る。

4 お弁当箱にレタスを盛り、きゅうり、ミニトマト、アボカ
ド、ゆで卵、2、3、シュレッドチーズ大さじ2の順にきれ
いに並べる。別の容器にサウザンドレッシング適量を入れ
て持って行き、食べるときにかける。

ニース風サラダ
じゃがいもや卵、オリーブが入ったおしゃれサラダ

材料と作り方（1回分）

1 サニーレタス1枚は氷水につけてシャキッとさせ、手で食
べやすい大きさにちぎる。じゃがいも（メークイン）小1個
はゆで、一口大に切る。ミニトマト3個は半分に切る。さ
やいんげん3本は筋を取り除いて塩ゆでし、冷ます。黒オ
リーブ（種なし）4個は輪切りにする。ツナ缶90gは油ま
たは水けをきる。ゆで卵1個は手で食べやすい大きさに
ざっくりと切る。

2 お弁当箱にサニーレタスを敷き、残りの1を盛る。別の容
器にフレンチドレッシング適量を入れて持って行き、食べ
るときにかける。

point

じゃがいもは、インカのめざめや北あかりなどもおすすめ。
さやいんげんは細めのものがおいしい。

ミニトマトと
オリーブの
相性ぴったり！

夜仕込む
とラク

フレンチドレッシングの
材料と作り方（作りやすい分量）
オリーブオイル大さじ3、白ワイ
ンビネガー大さじ1、塩3つまみ、
こしょう少々を混ぜ合わせる。

シーザーサラダ

シャキシャキレタスとカリカリパンの食感が◎

・ベーコンと
えびを加えて
ちょっぴり豪華に

材料と作り方（1回分）

1 レタス（好みの葉野菜でもOK）適量は氷水につけてシャキッとさせ、水けをきり、手で食べやすい大きさにちぎる。**ブロックベーコン50g**は8mm幅に切り、フライパンでカリカリに焼き、脂を取る。

2 バケット3cmは小さめの角切りにし、**オリーブオイル大さじ2**を熱したフライパンでカリカリに焼く。

3 お弁当箱に1、2、ゆでえび4尾を盛り、パルミジャーノレッジャーノチーズ（すりおろし）・こしょう各適量をかける。別の容器にシーザードレッシング適量を入れて持って行き、食べるときにかける。

夜仕込む
とラク

シーザードレッシングの材料と作り方（作りやすい分量）
マヨネーズ大さじ4、プレーンヨーグルト大さじ2、パルミジャーノレッジャーノチーズ（すりおろし）大さじ3、にんにく（すりおろし）小さじ¼、粗びき黒こしょう少々、塩1つまみ、アンチョビ（細かく叩く）1枚分を混ぜる。

魚介ミックスを
使って手軽に
作ってもOK

point
いかはカットされている冷凍食品を使ってもOK。下処理せずに使えて便利。

夜仕込む
とラク

魚介といろいろ野菜サラダ

さっぱりレモンドレッシングが魚介と相性抜群！

材料と作り方（1回分）

1 好みの葉野菜適量は氷水につけてシャキッとさせ、水けをきり、手で食べやすい大きさにちぎる。**マッシュルーム3個**は薄切りにする。**ミニトマト4個**は半分に切る。**オリーブ（種なし）4個**は輪切りにする。**たこ（足）1本**はぶつ切りにする。

2 いか½杯は内臓と骨を取り除き、1cm幅の輪切りにし、ゆでる。

3 ボウルに1、2を入れ、**レモンドレッシング（P22）**適量を加えて和え、お弁当箱に入れる。ドレッシングは別容器に入れて持って行き、食べるときにかけてもよい。

かたくなって
余ったパンを
使っても！

パンサラダ

サラミの旨味を引き立てるシンプルなドレッシングで

材料と作り方（1回分）

1 バケット（またはカンパーニュ）適量（手のひらにのるくらい）は大きめの角切りにする。**ミニトマト6個**は半分に切る。**サニーレタス2枚**は氷水につけてシャキッとさせ、水けをきり、手で食べやすい大きさにちぎる。**紫玉ねぎ⅙個**は薄切りにして水にさらし、よく水けをきる。

2 ボウルに1、サラミ薄切り6枚を入れて混ぜ、**オリーブオイル大さじ1～2**、塩・こしょう各少々を加えて味をととのえる。別の容器に**レモンドレッシング（P22）**適量を入れて持って行き、食べるときにかける。

夜仕込む
とラク

point
かたくなったバケットやカンパーニュを使う場合は、氷水につけ、水けを絞ってから使うとよい。

どれもこれも魅力的！
袋麺弁当 バリエ

一品でも満足できる麺弁当は、パパッと作りたい日にもってこいのお弁当です。
タレは夜作っておいてもOKだから、朝時間をかけたくないときにうれしいポイント！

袋麺point

焼きそば麺は、包丁で袋に穴をあけてから電子レンジで加熱するのがコツ。

point

麺は一口分をフォークなどでクルッとまとめてからお弁当箱に詰めると、食べるときにくっつかずに食べやすい。

冷やし中華のタレは、1食分ずつ容器に入れて凍らせておくと、持って行くときに保冷剤代わりになって便利。食べる頃には溶けています。

ごまダレ冷やし中華

夜仕込むとラク

お弁当でも冷やし中華をはじめましょう！

材料と作り方(1回分)

1 きゅうり1/4本は細切り、ミニトマト3個は半分に切る。豚しゃぶしゃぶ用肉50gはゆでる(ハムや焼き豚、ゆでささみでもOK)。ゆで卵1/2個は縦半分に切る。

2 中華生麺1人分(流水麺などでもOK)は袋の表示通りにゆで、冷水でよく洗い、しっかりと水けをきる。

3 お弁当箱に2を入れ、1、ゆでえび3尾、ゆで枝豆(鞘から出したもの)大さじ1分をのせる。凍らせたタレを一緒に持っていく。

夏バテにきく栄養を含んだ食材をのせて♪

カリカリ麺ととろみのあんで楽しい食感に

あんかけ焼きそば

麺を焼いて堅焼きそばに！あんをたっぷりかけて

作りおきもOK！

point

麺とあんは、別々の容器に入れて持って行ってもOK。あんのみをスープジャーに入れて持って行くのもおすすめ。

材料と作り方(1回分)

1 焼きそば麺1袋は、袋に穴を数カ所開け、電子レンジで1分20秒加熱し、しょうゆ小さじ1をまぶしておく。

2 きくらげ5gは水で戻し、食べやすい大きさに切る。チンゲン菜1株は3cm幅に切る。豚こま切れ肉50gは食べやすい大きさに切る。

3 フライパンにごま油小さじ1を熱し、1を入れて表面をカリカリに焼く。粗熱を取り、お弁当箱に入れる。

4 フライパンにごま油小さじ1を熱し、豚肉を炒める。塩少々ふり、きくらげ、チンゲン菜の軸を加えて炒め、うずらの卵(水煮)5個、チンゲン菜の葉を加えてさっと混ぜたら、よく混ぜ合わせた水100ml、中華スープの素小さじ1/2、酒小さじ2、砂糖小さじ1、しょうゆ小さじ2、塩・こしょう各少々、片栗粉小さじ2を加えてとろみがつくまで煮込む。粗熱を取り、3にかける。

そばサラダ
たっぷりの野菜でさっぱりといただく

食感のある野菜を使うのがおすすめ!

材料と作り方(1回分)

1 麺つゆ(3倍濃縮)・米酢各大さじ1は混ぜ合わせて容器に入れ、凍らせておく。

2 好みのそば1人分(流水麺でもOK)は袋の表示通りにゆでる(または水でほぐす)。にんじん¼本ときゅうり¼本は同じ長さの細切りにする。紫玉ねぎ⅙個は長さを半分に切って薄切りにし、水にさらし、水けをきる。サニーレタス2枚は冷水につけてシャキッとさせ、手で食べやすい大きさにちぎる。青じそ3枚は半分の長さに切り、細切りにする。

3 ボウルに**2**、なると(輪切り)3枚、天かす大さじ3を入れ、オリーブオイル大さじ1を加えて和える。お弁当箱に入れ、凍らせた**1**を一緒に持って行き、食べるときにかけ、よく混ぜる。

夜仕込むとラク

アジア風焼きそば
アジアの屋台風!変わりダネのお弁当がうれしい

パクチーとピーナッツでエスニック感アップ

作りおきもOK! 朝から10分

材料と作り方(1回分)

1 むきえび5尾は半分の厚さに切る。厚揚げ⅓個は8等分に切る。焼きそば麺1袋は、袋に穴を数カ所開け、電子レンジで1分20秒加熱する。

2 フライパンに植物油小さじ1を熱し、にんにく・しょうが(みじん切り)各小さじ1を入れて炒めたら、豚こま切れ肉50g、厚揚げを加え、塩・こしょう各少々をふり、炒める。もやし½袋、えびを加えて炒め、えびの色が変わったら、塩少々をふり、焼きそば麺を加えて炒め、さらに酒・ナンプラー・オイスターソース各小さじ2、砂糖小さじ1、塩・こしょう各少々を加えて炒める。

3 お弁当箱に**2**を入れ、ピーナッツ(粗く刻む)大さじ1、パクチー適量をのせる。

海鮮塩焼きそば
塩味だから海鮮の旨味が堪能できる!

ソース味で作ってもおいしい!

作りおきもOK! 夜仕込むとラク

材料と作り方(1回分)

1 シーフードミックス150g(写真ではえび・いかミックスを使用)は、できれば冷蔵庫で一晩解凍し、水けをしっかり拭き取っておく。にんじん¼本は3cm長さの細切りにする。キャベツ大1枚は3cm長さのせん切りにする。玉ねぎ⅙個は半分の長さに切り、薄切りにする。焼きそば麺1袋は、袋に穴を数カ所開け、電子レンジで1分20秒加熱する。

2 フライパンにごま油小さじ2を熱し、にんじん、玉ねぎ、キャベツを入れて炒め、しんなりしたらシーフードミックスを加えて炒める。火が通ったら、だししょうゆ小さじ2を加えて炒め、焼きそば麺を加えて炒め、酒小さじ2、塩・こしょう各少々、中華スープの素小さじ¼を加えて炒める。

151

これだけで満足！
パスタ弁当 バリエ

お弁当のレパートリーにパスタがあると、毎日のお弁当生活も飽きずに楽しめます。
和風から洋風まで、普段の食事でも活躍しそうなパスタ弁当をご紹介！

パスタ弁当の point

つぶしたにんにくを温まっていないオイルから加熱し、ふつふつさせて香りを出すという工程はお弁当では時間もかかり面倒。具を炒めているタイミングでチューブのにんにくを使うとラク！

すき間うめ3色パスタ

ショートパスタはお弁当のすき間にフィットしやすく、かわいらしい形のものが多いので、おすすめです。写真のように、トマトケチャップやチーズ、バジルソースなどを絡めるだけで、彩りもアップします。

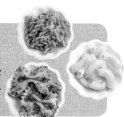

ナポリタン

みんな大好き！昔なつかしい味わいのナポリタン

材料と作り方（1回分）
1 スパゲティ80gは袋の表示通りゆでる。
2 玉ねぎ⅙個、ピーマン1個、マッシュルーム4個は薄切りにする。ウインナー3本は5mm幅の斜め切りにする。トマト½個はざく切りにする。
3 フライパンにバター15gを熱し、2を炒める。1を加えて炒め、酒大さじ1、トマトケチャップ大さじ4、塩・こしょう各少々を加え、炒める。
4 3に粉チーズ適量をふり、うずらのゆで卵適宜をトッピングする。

最後の粉チーズ
ひとふりで
コクアップ！

作りおきも
OK！

旨味たっぷり
食材とクリームの
コクが◎

きのことベーコン、アスパラの クリームフジッリ

ショートパスタを使って食べやすく！

材料と作り方（1回分）
1 ハーフベーコン1パックは1cm幅に切る。しめじ1パックは石づきを切り落としてほぐす。マッシュルーム3個は縦4等分に切る。アスパラガス4本は下のかたい部分と袴を取り除き、3cm幅に切る。
2 フジッリ80gは袋の表示より1分ほど短くゆでる。
3 2をゆでている間にフライパンにバター10gを熱し、にんにく（すりおろし）適量、ベーコンを入れ、火が通るまで炒める。残りの1を加えて火が通ったら、酒大さじ1、塩少々を加えてさっと炒め、生クリーム100mℓ、昆布茶小さじ½を加える。ふつふつしたら2を加え、とろみがつくまで加熱し、粗びき黒こしょう適量をふる。

作りおきも
OK！

えびとベーコン、塩昆布、ねぎの和風パスタ

えびとベーコンの海と山の食材の組み合わせが美味!

塩昆布の旨味がパスタによく絡む!

作りおきもOK!

材料と作り方(1回分)
1 むきえび6尾は背ワタがあれば取り除く。ハーフベーコン1パックは細切りにする。万能ねぎ2本は小口切りにする。
2 スパゲティ80gは袋の表示より1分ほど短くゆでる。
3 2をゆでている間にフライパンにオリーブオイル小さじ1、バター10g、にんにく(すりおろ

し)適量を熱し、ベーコンを加えて火が通るまで炒める。えび、酒小さじ2を加えて炒め、えびに火が通ったら、塩・こしょう各少々をふり、2、塩昆布大さじ2を加えて少しとろんとするまで炒める。だししょうゆ小さじ2、万能ねぎを加え、混ぜる。

たらこと青じその相性抜群◎

作りおきもOK!

いかとたらこと青じそのパスタ

いかの歯応えと、たらこのしっかり味で大満足の一品

材料と作り方(1回分)
1 やりいか1杯は皮をむき、内臓と骨を取り除いて、1cm幅の輪切りにする。たらこ½腹は身をこそげ取る。青じそ4枚は縦半分に切り、せん切りにする。
2 スパゲティ80gは袋の表示通りにゆでる。ゆで上がる1分前にいかを加え、一緒にゆでる。

3 2をゆでている間にボウルにたらこ、バター10g、オリーブオイル小さじ2、粉チーズ大さじ1、塩・こしょう各少々を入れ、混ぜ合わせる。
4 3に2、2のゆで汁大さじ1〜2を加え、バターを溶かすように混ぜる。サラダ菜適宜を添え、青じそをのせる。

キャベツと豚肉のトマトソーススパゲティ

ボリューム満点の組み合わせで食べ応えバッチリ

さっぱりとしたトマトの酸味で食欲増進!

作りおきもOK!

材料と作り方(1回分)
1 キャベツ2枚は2cm四方くらいのざく切りにする。ホールトマト缶½カップはざく切りにする。豚こま切れ肉100gは食べやすい大きさに切る。
2 スパゲティ80gは袋の表示より1分ほど短くゆでる。
3 2をゆでている間にフライパンにオリーブオイル小さじ2を熱し、豚肉、にんにく(すりおろし)

適量を入れて炒め、豚肉に火が通って少しカリカリになったら、塩少々をふり、キャベツを加えてさっと炒める。トマト、昆布茶小さじ¼、酒大さじ1を加え、水分が半分くらいになるまで煮込む。2を加えて加熱し、粉チーズ小さじ2を加え、こしょう少々をふる。

しょっぱい&甘い！サンドイッチバリエ

定番の食パンを使ったサンドイッチから、ロールパンを使ったものや甘いサンドイッチまで、
バリエーション豊富にご紹介。普段のお弁当も、子どもの遠足などにもおすすめです。

厚焼き卵とハムサンド

噛み応えがあって満足感バッチリ

卵サンドに
マスタードの
風味が絶品！

材料と作り方（1回分）

1 卵2個、砂糖小さじ2、塩2つまみ、だししょうゆ小さじ½を合わせて溶き、食パンの大きさに合うように、厚焼き卵を作る。
2 マヨネーズ小さじ1、マスタード小さじ½は混ぜ合わせる。
3 食パン（10枚切り）2枚にバター適量をぬり、1枚に1をのせて2をぬり、ハム1枚、サンチュ2枚をのせ、もう1枚の食パンで挟む。
4 3をキュッとラップで包んで冷蔵庫に30分ほどおいたら、耳を切り落とし、食べやすい大きさに切る。

朝から10分
冷蔵庫におく
時間は除く

缶詰を使って
時短の簡単
メニュー

コンビーフと
バジルのサンド

バジルの香りがアクセントに！

材料と作り方（1回分）

1 コンビーフ1缶、マヨネーズ大さじ½、オリーブオイル小さじ1、しょうゆ小さじ¼、粗びき黒こしょう適量は混ぜ合わせる。
2 食パン（10枚切り）2枚にバター適量をぬり、1枚に1、レタス（サンチュなどでもOK）1枚、バジル4枚をのせ、もう1枚の食パンで挟む。
3 2をキュッとラップで包んで冷蔵庫に30分ほどおいたら、耳を切り落とし、食べやすい大きさに切る。

朝から10分
冷蔵庫におく
時間は除く

かにかまタルタルサンド

かにかま入りのタルタルでボリューム◎

材料と作り方(1回分)

1 ボウルにゆで卵2個を入れてつぶし、ほぐしたかに風味かまぼこ5本分、マヨネーズ・トマトケチャップ各小さじ2、塩・こしょう各少々を加え、混ぜ合わせる。

2 ロールパン2個に切れ目を入れてバター適量をぬり、サラダ菜2枚を1枚ずつ敷き、1をのせる。あれば、パセリ(みじん切り)適宜や、パプリカパウダー適宜をふる。

彩りアップにパプリカパウダーがおすすめ!

朝から10分
タルタルソースのみ作りおき可

ハニーバターサンド

シンプルだから自然の甘さが引き立つ♪

材料と作り方(1回分)

1 食パン(10枚切り)2枚にバター適量をぬり、1枚にははちみつ適量を端まで目一杯ぬる。もう1枚の食パンで挟む。

2 1をキュッとラップで包んで冷蔵庫に30分ほどおいたら、耳を切り落とし、食べやすい大きさに切る。

シンプルなおやつ風のサンドイッチ

朝から10分
冷蔵庫におく時間は除く

マンゴークリームチーズサンド

デザート感覚で食べられる!

材料と作り方(1回分)

1 サンドイッチ用食パン(12枚切り/耳も切れているもの)6枚は、端を少し斜めに切り、バター適量をぬる(斜めに切ったところにもきちんとバターをぬっておく)。

2 ドライマンゴー2枚は8mm角に切る。

3 クリームチーズ110gは耐熱容器に入れ、ふんわりとラップをかけ、電子レンジで20秒加熱し、やわらかくする。2、はちみつ小さじ2を加え、混ぜ合わせる。

4 1の斜めの部分を避けて、3を塗り、斜めに切った部分が巻き終わりにくるようにロール状に巻く。1本ずつラップでキュッと巻き、冷蔵庫に30分ほどおく。食べやすく2～3等分に切る。

クリームチーズでちょっぴりリッチな一品

朝から10分
冷蔵庫におく時間は除く

ハニーバターサンド

マンゴークリームチーズサンド

point

斜めに切ることで、巻き終わりがきれいにくっつく。

いろんな形で楽しむ！
パン弁当 バリエ

パン好きはもちろん、子どもや働く女子にもおすすめのパン弁当。葉野菜やフルーツを
添えるだけでもおしゃれなお弁当になるから、組み合わせを考えたくない日もこれでOK！

メキシコ料理を
お弁当に詰めて
陽気な気分に♪

お好みの
シロップを添えて
召し上がれ

作りおきも
OK！

トルティーヤ
しっかり味のタコミートで野菜がたっぷり食べられる

材料と作り方（1回分）

1 **レタス2枚**は3cm長さの太めのせん切りにする。**紫キャベ
ツ2枚**はせん切りにする。

2 トルティーヤ1枚にタコミート（市販またはP171タコライ
スの作り方1）適量、レタス、マヨネーズ適量（細く一本
線を描くように）、紫キャベツ、汁けをきったコーン缶適
量をのせ、きつめにくるくると巻く。

3 フライパンにピザ用チーズ適量を、2がのる大きさに広げ
ておき、チーズの上に2を巻き終わりが下になるようにの
せ、火にかけて巻き終わりを閉じる。粗熱を取る。

4 3を食べやすい大きさに切り（そのまま切らなくてもOK）、
お弁当箱に入れ、好みの野菜適宜（写真はレタスとミニト
マト）を添える。

かぼちゃパンケーキ
かぼちゃのやさしい甘味と色あいでほっこり♪

材料と作り方（1回分）

1 ボウルに卵1個、三温糖大さじ3、溶かしバター15g、牛
乳150mlを順に入れて、その都度よく混ぜたら、かぼちゃ
のマッシュ（P178）80gを加え、さらに混ぜる。

2 ビニール袋に薄力粉150g、ベーキングパウダー小さじ2、
塩1つまみを入れ、空気を入れて口を閉じ、袋をふって混
ぜたら、粉ふるいを使って1のボウルに加える。さっくり
と粉っぽさがなくなるまで混ぜ、冷蔵庫に5分ほどおく。

3 フライパンを熱して植物油適量を薄くひき、ペーパータオ
ルで拭き取ったら、お玉を使って2を流し入れ、弱火で焼
く。生地の表面にぶくぶくと泡が出てきたら、ひっくり返
し、色よく焼く。

4 3を食べやすい大きさに切ってお弁当箱に入れ、好みでク
リームチーズやメープルシロップ各適宜を一緒に持って行
く。好みのフルーツ適宜（写真はマスカットとさくらんぼ）
を添える。

ホットサンド
焼いたパンの香ばしさがよいカフェ風弁当

しっかり味の
ソースで
冷めてもおいしい

朝から
10分

材料と作り方（1回分）

1 **食パン（8枚切り）2枚**に**ハム2枚**、**目玉焼き（両面焼いたもの）1個**、**ピザ用チーズ20g**、**青じそ2枚**、**オーロラソース（P22）大さじ1**を挟み、ホットサンドメーカーなどで焼く。

2 1の粗熱を取り、食べやすい大きさに切ったら、お弁当箱に入れる。**好みの野菜適宜**（写真はレタスとミニトマト）を添える。

バニラアイスで
手軽にリッチな
味わいに

フレンチトースト
程よい甘さとバニラの風味がたまらない！

材料と作り方（1回分）

1 **食パン（4枚切り）1枚**は耳を落とし、8等分に切る。

2 バットに**卵1個**を溶き、**溶かしたバニラアイス1個**（写真はMOWを使用）を加えて混ぜ、**1**を加えてラップをし、冷蔵庫で一晩浸けておく。

3 フライパンに**バターを小さじ1**を熱し、**2のパン**を入れ、全面色よく焼く。

4 お弁当箱に**3**を入れ、**好みのフルーツ適量**（写真はブルーベリー）を散らし、**ジャムやメープルシロップ適宜**を添える。

作りおきも
OK！

夜仕込む
とラク

パングラタン
具だくさんでボリューム◎。カリッと焼き上げて♪

おやつや
休日の朝ごはんに
作っても

作りおきも
OK！

材料と作り方（1回分）

1 **卵3個**、**牛乳大さじ2**は混ぜ合わせる。**ミニトマト3個**は半分に切る。**ハーフベーコン3枚**は8mm幅に切る。

2 マフィンカップに**食パン（サンドイッチ用）6枚**を1枚ずつ詰め、**1の卵液**、**ミニトマト**、**ベーコン**、汁けをきった**コーン缶大さじ3**、**ゆで枝豆（鞘から出したもの）大さじ2**、**ピザ用チーズ・ドライバジル・ドライオレガノ各適量**を均等に入れる。

3 オーブントースターに**2**を入れ、15分ほど焼く。

スープジャーでおいしい
スープバリエ

あるとうれしいお弁当の温かいスープ。
スープジャーがあれば、電子レンジがない環境でも、
温かいスープが楽しめます。スープジャーに入れて持って行く間に、
味がよく染み込むのもうれしいポイント。
多めに作って、朝・夕の食事で食べ切るのがおすすめです。

チキンチャウダー

肉、野菜、パスタで具だくさん！ 栄養バッチリ大満足スープ

材料と作り方(4回分)

1 ショートパスタ(好みのもの)30gは袋の表示より1分短くゆでる。

2 鶏もも肉½枚は薄いそぎ切りにし、塩2つまみ、こしょう少々をまぶす。ベーコン4枚は細切りにする。玉ねぎ½個は粗みじん切りにし、にんじん⅓本は半月切りにする。じゃがいも大1個は1㎝角に切り、5分ほど水にさらす。しめじ1パックは石づきを取り除き、小房に分ける。

3 厚手の鍋にバター15g、オリーブオイル小さじ2をバターを焦がさないように熱し、ベーコンを加えてしっかりと脂を出すように炒める。鶏肉を加えて炒め、きつね色になっ

たら、玉ねぎ、にんじん、じゃがいも、ローリエ1枚を加え、透明感が出るまで炒める。薄力粉大さじ1を加えて粉っぽさがなくなるまで3分ほど炒めたら、水をひたひたに加え、弱火で10分ほど、時々かき混ぜながら(鍋底にこびりついた薄力粉などをこそげ取るように)コトコト煮込む。

4 3に汁けをきったコーン½缶(80g)、しめじ、1、牛乳400㎖、塩小さじ½を加え、沸騰させないように(沸騰直前くらいの火加減で)10分ほど煮込む。仕上げに塩・こしょう各少々で味をととのえる。スープジャーに入れ、パセリ(みじん切り)適量を散らす。

パスタは
短めにゆでるのが
ポイント！

作りおきも
OK!

ミニおでん

持って行く間に、味が染み込んでおいしくなる!

材料と作り方(3〜4回分)
1 大根4cmは2cm厚さのいちょう切りにし、下ゆでしておく。揚げボール8個、ミニがんも6個は油抜き、または60℃くらいの湯でさっと洗う(余裕がないときはしなくてOK)。
2 鍋にだし汁500㎖、しょうゆ・酒各大さじ2、みりん100㎖、塩小さじ1を入れて火にかけ、沸騰したら、1、結びしらたき小6個、うずらの卵(水煮)12個を加え、弱火で15分ほど煮て、スープジャーに入れる。

お好みの具材を煮込んで自分好みに

作りおきもOK!

夜仕込むとラク

ごはんによく合って食欲そそる!

作りおきもOK!

朝から10分

わかめスープ

旨味たっぷりの牛肉が入って、満足度アップ!

材料と作り方(4回分)
1 牛こま切れ肉150gは塩・こしょう各少々をまぶす。にんにく1かけはすりおろす。青唐辛子1本は小口切り(またはピーマン½個を輪切り)にする。長ねぎ½本は薄い斜め切りにする。
2 鍋にごま油大さじ2を熱し、1の牛肉とにんにくを入れて炒める。色が変わったら、酒大さじ2、しょうゆ大さじ1½、鶏がらスープ800㎖を加えて5分ほど煮込む。
3 2にわかめ(乾燥)8g、青唐辛子、長ねぎを加えてさっと火を通し、塩・こしょう各少々で味をととのえ、白炒りごま大さじ2をふり、スープジャーに入れる。

豚汁

寒い日に飲みたい、体の芯から温まるスープ

材料と作り方(4回分)
1 ごぼう⅓本は斜め切りにし、5分ほど酢水にさらす。大根3cm、にんじん½本は小さめの乱切りにする。油揚げ1枚はさっと湯通しし、余分な油を取り除き、1cm角に切る。豚こま切れ肉100gは大きければ食べやすい大きさに切る。
2 鍋にごま油小さじ2を熱し、大根、ごぼう、にんじんを入れてさっと炒める。だし汁400㎖を加え、強火にかけ、沸騰したら中火にし、アクと油を取り除きながら煮る。
3 野菜に火が5割方通ったら、豚肉、酒大さじ2、みそ大さじ1を加えて煮る。野菜に完全に火が通ってやわらかくなったら火を止め、さらにみそ大さじ1を加えて溶かし、スープジャーに入れる。

根菜をたっぷりといただく

作りおきもOK!

少量の
カレー粉が味を
引き締める

ミネストローネ
野菜をおいしく食べられる、旨味たっぷりトマトスープ

材料と作り方(4回分)

1 玉ねぎ½個は粗みじん切りにし、にんじん½本は8mm角に切る。じゃがいも1個は8mm角に切り、5分ほど水にさらす。にんにく1かけはつぶす。ハーフベーコン4枚は5mm幅に切る。ホールトマト缶½缶は手でよくつぶしておく。

2 ショートパスタ30gは袋の表示通りゆでる(そのままスープに入れてOKのものは、ここでゆでなくてOK)。

3 鍋ににんにく、オリーブオイル小さじ2を入れて弱火にかけ、にんにくがふつふつして香りが出たら、ベーコン、玉ねぎを加え、玉ねぎに透明感が出るまで炒める。にんじん、じゃがいも、塩小さじ½を加えてさっと炒めたら、白ワイン50ml、トマト缶、ローリエ1枚、水600mlを加えて7分ほど煮込む。

4 3に2、きび砂糖小さじ2、カレー粉小さじ⅛を加えて5分ほど煮て、塩・こしょう各少々で味をととのえる。スープジャーに入れ、粉チーズ、パセリ(みじん切り)各適量をふる。

作りおきも
OK!

もずくには
腸をきれいに
する効果が!

れんこんとにんじん、豚バラ、もずくのスープ
もずくであっさりいただける!和風や中華のお弁当に◎

材料と作り方(直径16cmの鍋で作りやすい分量／4回分)

1 れんこん小1節は薄い輪切りにし、5分ほど酢水につける。にんじん¼本は拍子木切りにする。豚バラ薄切り肉100gは2cm幅に切る。

2 鍋に水2カップを入れて火にかけ、沸騰したら1、酒大さじ1、塩少々、鶏がらスープの素(粉末)小さじ½を加え、中火で煮る。にんじん、れんこんに火が通ったら、もずく(味つけしていないもの)1パック、しょうゆ・ごま油各小さじ2を加え、再度沸騰させる。こしょう少々、万能ねぎ(小口切り)1本分を加え、スープジャーに入れる。

作りおきも
OK!

ザーサイと
お豆腐のかき玉スープ
ひき肉は下味なしでOK!こねずに丸めて入れるだけ

手に水をつけて
ひき肉を丸めると
やりやすい!

材料と作り方(直径16cmの鍋で作りやすい分量／4回分)
1 長ねぎ¼本は斜め薄切りにする。ザーサイ30gは食べやすい大きさに刻む。木綿豆腐⅓丁は1cm角に切る。
2 鍋に水2カップを入れて火にかけ、沸騰したら、鶏がらスープの素(粉末)小さじ1、塩少々、酒大さじ2、1、鶏ひき肉100gを小さめの一口大に丸めて加える。しょうゆ小さじ2を加え、鶏団子に火が通ったら、3cm幅に切ったゆで小松菜⅓束分を加え、水溶き片栗粉(片栗粉小さじ2＋水小さじ1)を加えてとろみをつけ、溶き卵1個分を回し入れ、ごま油小さじ2を加える。酢やラー油各適宜を加え、スープジャーに入れる。

作りおきも
OK!

ほたて入り!
魚介の旨味が
たまらない

えびとトマトの
ココナッツカレー
ココナッツ好きにはたまらない、
ルウを使わない絶品カレー

材料と作り方
(直径21cmの鍋で作りやすい分量／4回分)
1 玉ねぎ大1個は粗みじん切りにし、じゃがいも2個は1.5cm角に切る。ホールトマト缶½缶はざく切りにする。しめじ1パックは石づきを切り落としてほぐす。
2 鍋にバター20gを熱し、焦がさないようににんにく・しょうが(すりおろし)各小さじ2、玉ねぎ、じゃがいもを入れて炒め、むきえび・ほたて(刺身用)300g(合わせて300gになればOK)、酒50mlを加えてさらに炒め、えびの色が変わったらトマト缶、しめじ、ココナッツミルク1缶、カレー粉大さじ2、こぶみかんの葉2枚、塩小さじ1、ナンプラー大さじ1を加えて7分ほど煮込み、スープジャーに入れる。
3 好みでパクチーを添える。

作りおきも
OK!

point
こぶみかんの葉は、なければ生か乾燥のレモングラスやローリエで代用、または入れなくてもOK。

簡単&すぐできる！
お手軽おかず 4

お弁当のすき間にあるとうれしい、小さなおかず。
手軽に作れるから、ぜひ作ってみて！

甘い味つけで
食べると
やみつきに！

作りおきも
OK！

朝から
10分

アーモンドみそ

カリッとした食感のあとに広がるコクがたまらない

材料と作り方（5〜6回分）
1 フライパンにアーモンド200gを入れ、弱めの中火で乾煎りし、フライパンをふって軽く色づいたら、みそ・砂糖各大さじ3、みりん大さじ2を加え、引き続き弱めの中火で汁けがなくなるまで、加熱する。

お弁当はもちろん
お酒のつまみにも
ピッタリなおかず

作りおきも
OK！

朝から
10分

マッシュルームの簡単アヒージョ

にんにくの風味で食欲アップ！

材料と作り方（2〜3回分）
1 フライパンにオリーブオイル大さじ3、ローリエ1枚、赤唐辛子（種を取り除く）短め1本、にんにく（つぶす）½かけ分を入れて中火にかける。その間にマッシュルーム1パックを十字に4等分に切る。
2 1のオイルがふつふつしてきたらマッシュルームを加え、弱めの中火で炒める。マッシュルームに火が通ったら、塩4つまみ、こしょう少々をふり、パセリ（みじん切り）適量を散らす。

切り干し大根は
夜のうちに戻して
おくとラク

切り干し明太マヨ

明太マヨで子どもから
大人まで食べやすい味に

材料と作り方（3〜4回分）
1 切り干し大根10gは水に15分ほど浸けて戻し、水けをきる。明太子¼腹は身をこそげ取る。
2 ボウルに1、マヨネーズ大さじ1½、粗びき黒こしょう少々を入れ、和える。

作りおきも
OK！

夜仕込むとラク

はちみつの
やさしい甘味で
ほっこり！

栗とりんごの チーズサラダ

甘い栗とシャキッと酸味の
あるりんごの組み合わせ

材料と作り方（4回分）
1 栗の甘露煮（市販）4個は十字に切る。りんご¼個は皮つきのまま8mm角に切る。
2 ボウルに1、カッテージチーズ大さじ3、はちみつ小さじ1を入れ、混ぜる。

作りおきも
OK！

朝から
10分

ツナちくわ

チーズとマヨネーズのこってり味がおいしい！

材料と作り方（2〜3回分）
1 ちくわ小2本は1本を3等分に切る。
2 ツナ（油または水けをきる）大さじ3、マヨネーズ小さじ½、こしょう少々を混ぜ合わせ、ちくわの穴に詰め、とろけるチーズ適量をのせる。
3 オーブントースターに2を入れ、チーズがとろけるまで焼き、パセリ（みじん切り）適量をのせる。

作りおきも
OK！

朝から
10分

ツナマヨと
チーズのコンビが
相性抜群

PART 5

作りおきからの
アレンジ
バリエーション

困ったときにあると便利な作りおき。
そのまま食べてもおいしい作りおきおかずだけでなく、
作りおきを使った、アレンジレシピも紹介しているから、
最後まで飽きずに食べきれるのがうれしいですね。
作りおきおかずと作りおきしないおかずを組み合わせれば、
お弁当作りがグンとラクになるはず。

季節のお弁当① 春

菜の花の肉巻きと
豆ごはん弁当

菜の花、そら豆、グリーンピースなど、
この季節にしか食べられない食材を
ふんだんに使いました。やさしい彩りが春らしい、
季節を感じることのできるお弁当です。

ささみとそら豆の
かき揚げ →P95

菜の花の肉巻き →P33

桜の花の塩漬け

万能ねぎと桜えびの
だし巻き →P36

豆ごはん

材料と作り方（2合分）
白米2合をといで炊飯器に入れ、生グリーンピース½カップ、酒大さじ1、昆布3cm角1枚を加えて水を2合の目盛りまで注ぎ、炊く。

\time table/

	前日	start		5		10		15
菜の花の肉巻き	-	巻く	焼く					
ささみとそら豆のかき揚げ	ささみとそら豆の下ごしらえ			衣を作る	揚げる			詰める
万能ねぎと桜えびのだし巻き	-				卵を溶く		焼く	
豆ごはん	作りおき	レンチン						

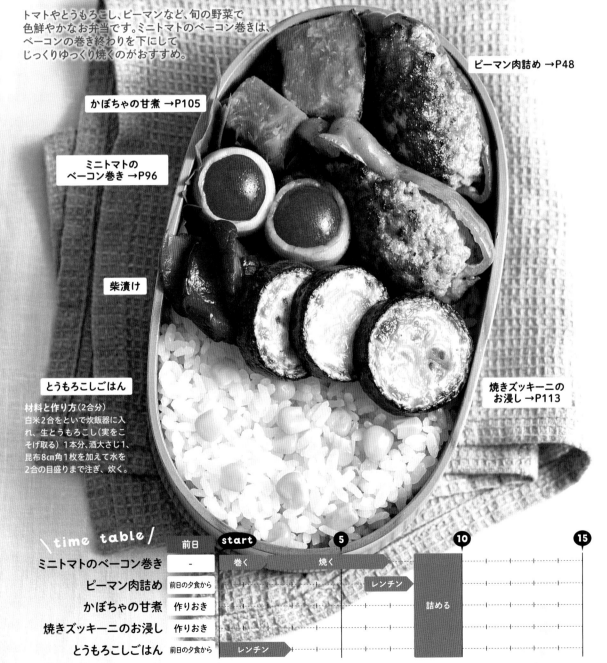

季節のお弁当② 夏

ピーマンの肉詰めと とうもろこしごはん弁当

memo

夏野菜を使って 彩り豊かなお弁当に

家族で畑を耕し、野菜作りをしているのですが、夏野菜のイキイキとした生命力にいつも力をもらいます。色鮮やかな野菜がたくさん実るので、夏のお弁当は毎日鮮やか！ ピーマンの肉詰めはピーマンがクタクタになるまで焼くのが好きです。

トマトやとうもろこし、ピーマンなど、旬の野菜で
色鮮やかなお弁当です。ミニトマトのベーコン巻きは、
ベーコンの巻き終わりを下にして
じっくりゆっくり焼くのがおすすめ。

ピーマン肉詰め →P48

かぼちゃの甘煮 →P105

ミニトマトの
ベーコン巻き →P96

柴漬け

焼きズッキーニの
お浸し →P113

とうもろこしごはん

材料と作り方（2合分）
白米2合をといで炊飯器に入れ、生とうもろこし（実をこそげ取る）1本分、酒大さじ1、昆布8㎝角1枚を加えて水を2合の目盛りまで注ぎ、炊く。

\ time table /

	前日	start		5		10		15
ミニトマトのベーコン巻き	-	巻く		焼く				
ピーマン肉詰め	前日の夕食から				レンチン			
かぼちゃの甘煮	作りおき					詰める		
焼きズッキーニのお浸し	作りおき							
とうもろこしごはん	前日の夕食から	レンチン						

165

季節のお弁当③ 秋

サーモンフライと
さつまいもごはん弁当

甘くほくほくしたさつまいもごはんで、秋を感じるほっこり弁当です。
タルタルソースをかけたサーモンフライは食べ応えもバッチリ。

memo

新米や秋鮭などで
秋を楽しむ

実りの季節の秋は、食材の買い物が一番楽しみな季節です。サーモンフライに秋鮭を使ってみたり、新米を楽しんだりしたいですね。菊花はゆでたあと冷凍できるので、ごはんに和えたりして、秋の間楽しんでみると豊かな気持ちになれそうです。

三つ葉としめじと
菊の花のお浸し→P113

パプリカとツナの
ナムル →P106

材料と作り方（2合分）
白米2合をといで炊飯器に入れ、さつまいも（1cm角に切り、水に5分さらす）小1本、酒大さじ1、昆布8cm角1枚を加えて水を2合の目盛りまで注ぎ、炊く。

さつまいもごはん

サーモンフライ →P90
&タルタルソース →P22

\ time table /

	前日	**start**		5			10		15
パプリカとツナのナムル	-	切る	レンチン	和える					
サーモンフライ&タルタルソース	前日の夕食から				フライをレンチン		詰める		
さつまいもごはん	前日の夕食から					レンチン			
三つ葉としめじと菊の花のお浸し	作りおき								

memo

長ねぎは冬に甘みが増しておいしい

子どもの頃から、ねぎだけを入れた卵焼きが大好きで、この季節は泥ねぎなどを買い求め、思う存分いただいています。せりも好きで、冬は買い物のたびに買ってしまうほど。ゆでて保存しておくと、香りや彩りをプラスしたいときに役立ってくれます。

れんこんはさみ焼きとせりの混ぜごはん弁当

根菜をたっぷり使ったお弁当です。
冬に多く出回るせりを、混ぜごはんにし、
すじこをお弁当に入れられるのも
寒い冬ならではですね。

れんこんはさみ焼き →P79

長ねぎの卵焼き →P36

肉入りきんぴら →P60

白菜の漬け物

材料と作り方
（作りやすい分量）
ポリ袋に白菜（ざく切り）⅛個分、柚子の皮（せん切り）適量、塩小さじ½を入れ、よく揉む。

すじこ

せりとしらすの混ぜごはん

材料と作り方（1回分）
温かいごはん茶碗1杯分、塩ゆでして刻んだせり・しらす各適量、ごま油小さじ1を混ぜる。

time table

	前日	start			5		10		15
長ねぎの卵焼き	-	切る	卵を溶く	焼く					
せりとしらすの混ぜごはん	-				ごはんをレンチン	せりをゆでる	混ぜる		
れんこんはさみ焼き	前日の夕食から	レンチン							詰める
肉入りきんぴら	前日の夕食から		レンチン						
白菜の漬け物	作りおき								

ひたし豆 バリエ

かつお昆布だしで煮たひたし豆は、やさしい風味でほっとする味わい。そのまま食べても
おいしいですが、和えたり、焼いたりとアレンジもたくさんできるからぜひ作ってみて。

| 冷蔵 | 1週間 | 冷凍 | 3週間 |

材料 (作りやすい分量)

青大豆(乾燥)…200g

A だし汁(かつお昆布) …3カップ

　酒・みりん…各大さじ2

　薄口しょうゆ …大さじ1 ½

　塩…小さじ1 ½

作り方

1 ザルに青大豆を入れ、さっと2回ほど洗う。ボウル
　に入れ、たっぷりの水を注いで半日ほどおいて戻す。

2 鍋に1を戻した水ごと入れて火にかけ、塩適量(分
　量外)を加えて沸騰したら、弱火でアクを取りなが
　ら、豆が水から出ないように30分ほどゆでる。

3 別の鍋に**A**を入れて火にかけ、煮立てる。

4 2がゆで上がったら、ザルにあげて水けをきり、3
　に加え、弱火で1〜2分煮て、火を止める。煮沸消
　毒をした保存容器に入れ、粗熱を取る。

ひたし豆 アレンジおかず

豆の甘味と
チーズの塩けが
たまらない

ひたし豆のチーズ焼き

豆とチーズの相性抜群!カリカリに焼いて

材料と作り方(2〜3回分)

1 卵焼き用フライパンにピザ用チーズ1つかみを敷き詰め、
　その上に汁をきった**ひたし豆大さじ3**をのせる。弱めの
　中火にかけ、カリカリになるまで焼き、そのまま冷ます。

2 1を食べやすい大きさに切る。

作りおきも
OK!

朝から
10分

お弁当の
おかずはもちろん
おつまみにも絶品

れんこんとたらこサラダ

食材のさまざまな食感を同時に楽しめるサラダ

材料と作り方（3〜4回分）

1 れんこん小1節は半月切りにして5分ほど酢水にさらし、1〜2分塩ゆでして粗熱を取る。たらこ½腹は身をこそげ取る。

2 ボウルに汁けをきった**ひたし豆½カップ**、1、マヨネーズ小さじ2、塩・こしょう各少々を入れ、混ぜる。

作りおきも OK！ 朝から 10分

ひたし豆とハムの クリームチーズ和え

作りおきも OK！ 朝から 10分

クリームチーズのコクとハムの旨味で濃厚！

材料と作り方（3〜4回分）

1 ハム2枚は3等分の長さに切り、細切りにする。**クリームチーズ80g**は耐熱容器に入れ、ラップをせずに電子レンジで10〜20秒加熱し、やわらかくしておく。

2 ボウルに汁けをきった**ひたし豆½カップ**、1、塩・こしょう各少々、オリーブオイル小さじ2を入れ、混ぜる。

お酒のお供に
おすすめの
あとを引く味

冷水を使って
さくっと
仕上げて

作りおきも OK！ 朝から 10分

ひたし豆のかき揚げ

かき揚げにすれば豆がホクホクに！

材料と作り方（2〜3回分）

1 みょうが2個は縦半分に切り、斜め薄切りにする。

2 ボウルに汁けをきった**ひたし豆1カップ**、1を入れ、天ぷら粉大さじ3をまぶし、冷水大さじ3弱を加えて混ぜる。

3 揚げ油適量を180℃に熱し、2を揚げる。

ひたし豆、梅、塩昆布のおむすび

梅と昆布の定番おにぎりに和えて満足度アップ

材料と作り方（2個分）

1 梅干し2個は種を取り除き、刻む。

2 温かいごはん茶碗2杯分、汁けをきった**ひたし豆½カップ**、1、塩昆布小さじ1を混ぜ、おにぎりを2個にぎる。

色合いや
食べ応えが
プラス！

作りおきも OK！ 朝から 10分

ミートソース バリエ

洋風おかずで大活躍するのがミートソースの作りおき。ごはんやパスタなどの主食から、
野菜と合わせておかずにもなる、使いやすさバッチリの万能作りおきです。

材料 (作りやすい分量)

合びき肉…250g
玉ねぎ… ½個
にんにく… 1かけ
ローリエ… 1枚
塩・こしょう…各少々
カットトマト缶… 1缶

Ａ 塩…小さじ¼
　 こしょう…少々
　 はちみつ…小さじ1
オリーブオイル…大さじ2

作り方

1 玉ねぎはみじん切りにし、にんにくはつぶす。

2 鍋ににんにく、ローリエ、オリーブオイルを入れ、弱火に
　かける。ふつふつと香りが出てきたら、玉ねぎを加えて透
　明感が出るまで炒める。ひき肉を加えて色が変わるまで炒
　め、塩、こしょうをふる。トマト缶、Ａを加え、水分が半
　分くらいになってポテッとし、ヘラなどで寄せたときに水
　分が戻らないくらいまで煮込む。

| 冷蔵 | 1週間 | 冷凍 | 3週間 |

ミートソース アレンジおかず

ミートパスタ

ミートソースを使った定番料理!

> お弁当は
> ショートパスタで
> 食べやすく

材料と作り方(1回分)

1 好みのパスタ80gは、塩を加えた熱湯で袋の表示通りにゆ
　でる。ゆで卵1個はざっくりと6等分ぐらいに手で割る。

2 フライパンにパスタ、ミートソースお玉1杯分、粉チーズ
　大さじ1を入れて強火で炒め、お弁当箱に盛る。ゆで卵を
　のせ、パセリ(みじん切り)適量を散らす。

作りおきも
OK!

朝から
10分

相性抜群の
チーズを入れて
満足感◎

ミート卵焼き

ミートソースの味とひき肉で大満足の一品

作りおきも
OK!

朝から
10分

材料と作り方(2回分)

1 卵2個、塩・こしょう各少々、牛乳大さじ1は溶き混ぜる。
2 卵焼き用のフライパンに、オリーブオイル適量を熱し、1
 の⅓量を流し入れ、ミートソース大さじ2、とろけるチー
 ズ大さじ1をのせ、卵焼きを焼く要領で巻く。残りの卵液
 も2回に分けて流し入れ、その都度巻く。

おもてなしや
夕ごはんにも
おすすめ!

ミートドリア

クリーミーなホワイトソースがおいしい

作りおきも
OK!

朝から
10分

材料と作り方(1回分)

耐熱容器にオリーブオイル適量を薄く塗り、サフランライス
お茶碗1杯分、ホワイトソースお玉1杯分、ミートソースお
玉1杯分を順に入れ、ゆで卵(スライス)1個分、とろけるチー
ズ1つかみをのせ、オーブントースターでチーズが溶け、焼
き色がつくまで焼く。

┌ サフランライスの材料と作り方(2合分) ─────
│ 炊飯器に白米2合、サフラン3g(白ワイン大さじ1で戻す)、ロー
│ リエ1枚、塩小さじ1、バター15gを入れ、水を2合目の目盛り
│ まで注ぎ、炊く。

ほうれん草とかぼちゃの
ミートチーズ焼き

じゃがいもやきゃべつ、なすなどと合わせても◎

材料と作り方(1回分)

1 ほうれん草⅓束は熱湯でゆで、3cm幅に切る。かぼちゃ5
 mm幅のスライス3枚は⅓の大きさに切り、耐熱皿に入れて
 ラップをし、電子レンジで1分20秒加熱する。
2 耐熱容器にオリーブオイル少量を塗り、1を入れ、ミート
 ソース大さじ3、とろけるチーズ適量をのせて、オーブン
 トースターでチーズが溶け、焼き色がつくまで焼く。

かぼちゃと
チーズのコクで
大満足!

作りおきも
OK!

朝から
10分

タコライス

ザクザクとしたチップスの食感をアクセントに

材料と作り方(1回分)

1 耐熱ボウルにミートソース大さじ4、チリパウダー小さじ
 1を入れて混ぜ、ふんわりとラップをし、電子レンジで1
 分加熱する。
2 レタス大1枚はざく切りにし、ミニトマト2個は4等分に
 切る。
3 お弁当箱に温かいごはん適量を盛り、レタス、紫玉ねぎ(粗
 みじん切り)大さじ1、1、シュレッドチーズ1つかみ分、
 砕いたタコスチップス適量、ミニトマトをのせる。チリパ
 ウダー適宜をふり、パセリ(みじん切り)適宜を散らす。

レタスやトマトの
みずみずしさで
さっぱりと

作りおきも
OK!

朝から
10分

171

ラタトゥイユ バリエ

ラタトゥイユは、多めに作って最初はそのまま食べ、残りをアレンジして使うのもおすすめ。
グリルやソテーした肉、魚にのせるだけで、豪華なおかずが完成します。

| 冷蔵 | 4〜5日 | 冷凍 | 2週間 |

材料 (作りやすい分量)

パプリカ(赤・黄)…各½個
玉ねぎ…1個
ズッキーニ…1本
なす…3本
ベーコンブロック…80g
　(またはスライスベーコン8枚)
にんにく…大2個

ホールトマト缶…1缶
ローリエ…2枚
白ワイン…100㎖
オリーブオイル…大さじ3
塩…小さじ1
こしょう…少々

*パプリカの色は色合いの問題なので、オレンジなど手に入る色でOK。

作り方

1 パプリカは1㎝角に切り、玉ねぎは粗みじん切りにする。
　ズッキーニ、なすは8㎜幅の半月切りにする。ベーコンは
　マッチ棒大に切る(スライスベーコンの場合は細切りに)。
　にんにくはつぶす。ホールトマトは手でつぶしておく。

2 耐熱ボウルに全ての材料を入れてさっと混ぜ、ふんわりと
　ラップをかけ、電子レンジで12分加熱する。

3 2をさっと混ぜ、ラップを外したまま冷ます。その際もと
　きどき混ぜる。

ラタトゥイユ アレンジおかず

ラタトゥイユスパゲティ

野菜たっぷりのおしゃれなアレンジ

材料と作り方(1回分)

1 スパゲッティ60gは袋の表示通りゆでる。

2 フライパンに1、ラタトゥイユお玉1杯分を入れて強火に
　かけて混ぜ、パルメザンチーズ適量をかける。

作りおきも
OK!

絡めるだけ!
具だくさんで
栄養バッチリ

トマトに
さわやかな
バジルが◎

作りおきも
OK!

朝から
10分

チキングリルのラタトゥイユのせ

ジューシーなもも肉が野菜の旨味を引き立てる

材料と作り方(2回分)
1 鶏もも肉½枚は4等分に切り、ハーブ塩小さじ1を揉み込む。
2 フライパンにオリーブオイル小さじ1を熱し、1を両面カリッと焼く。
3 2にラタトゥイユ適量をのせ、バジル適宜をのせ、粗びき黒こしょう少々をふる。

食べ応え
十分の一品に
アレンジ

作りおきも
OK!

朝から
10分

チーズオムレツのラタトゥイユのせ

ラタトゥイユをのせるだけで豪華なおかずに!

材料と作り方(1回分)
1 卵1個、塩少々、牛乳小さじ2を混ぜ合わせる。
2 小さめのフライパンにオリーブオイル小さじ1を熱し、1を流し入れ、ピザ用チーズ大さじ1をのせ、オムレツを作る。
3 2にラタトゥイユ適量をのせ、粗びき黒こしょう少々をふる。

サーモンソテーの ラタトゥイユのせ

作りおきも
OK!

朝から
10分

お好みの魚で作るのもおすすめ!

材料と作り方(2回分)
1 サーモン(切り身)1切れは4等分に切り、塩適量をふり、冷蔵庫に10分ほどおく。余分な水けをペーパータオルで取り、薄力粉を小さじ2をまぶす。
2 フライパンにオリーブオイル小さじ1を熱し、1を両面カリッと焼く。
3 2にラタトゥイユ適量をのせる。

なすや
ベーコンの旨味を
味わって

チキンカツのラタトゥイユのせ

安価なむね肉を使って大満足メニューを!

材料と作り方(2～3回分)
1 鶏むね肉½枚は4等分のそぎ切りにし、平らに叩く。塩・こしょう各少々ふり、薄力粉・溶き卵・パン粉(各適量)の順に衣をつけ、180℃の揚げ油適量でカリッと揚げる。
2 1にラタトゥイユ適量をのせ、粉チーズ・パセリ(みじん切り)各適量をふる。

作りおきも
OK!

夜仕込む
とラク

お好みの
フライに
かけても◎

高菜漬けの ごま油炒め バリエ

ごはんのお供にぴったりの一品です。肉と炒めてメインおかずにしたり、
お弁当箱に詰めたごはんの上にのせるだけでもOK! 和風のお弁当に活躍してくれます。

| 冷蔵 | 1週間 | 冷凍 | 3週間 |

材料 (作りやすい分量)

高菜(塩漬け)…120g   しょうゆ…大さじ1
塩・こしょう…各少々   白炒りごま…大さじ1
砂糖…1つまみ   ごま油…大さじ1

作り方

1 高菜は粗く刻んで水に3〜4分浸けて塩けを少し抜き、水けを絞り、刻む。

2 フライパンにごま油を熱し、1を加えてさっと炒める。塩、こしょう、砂糖、しょうゆを加えて炒め、水分が飛んだら白炒りごまを加えてさっと混ぜる。

高菜漬けのごま油炒め アレンジおかず

鶏ひき肉と高菜漬けの焼き飯
たっぷりの具材にしっかり味でごはんが進む

しょうゆで
味つけした
和風テイスト

材料と作り方(1回分)

1 フライパンにごま油小さじ2を熱し、溶き卵1個分を入れ、ふんわりと炒めて取り出す。

2 1のフライパンにごま油小さじ1を熱し、鶏ひき肉100gを炒める。酒小さじ1、塩・こしょう各少々を加えて炒め、火が通ったら、温かいごはん茶碗1杯分、高菜漬けのごま油炒め大さじ3を加えて炒め、1を戻し入れ、しょうゆ小さじ2を加えて味をつける。

作りおきも OK!　朝から 10分

お弁当にはもちろんおつまみにも

作りおきもOK!　朝から10分

厚揚げの高菜漬け炒め

ごま油がきいた高菜漬けが厚揚げによく合う

材料と作り方(3〜4回分)
1 厚揚げ½丁は8等分に切る。
2 フライパンにごま油小さじ1を熱して1を炒め、焼き色がついてカリッとしたら、高菜漬けのごま油炒め½カップ、酒小さじ1、しょうゆ小さじ1を加えて水分を飛ばすように炒める。

噛むたびに高菜とじゃこの旨味が広がる!

作りおきもOK!　朝から10分

じゃこと高菜の混ぜ込みおにぎり

高菜漬けとじゃこの塩けが効いた絶品おにぎり

材料と作り方(2個分)
ボウルに温かいごはん茶碗2杯分、高菜漬けのごま油炒め½カップ、ちりめんじゃこ大さじ2、塩少々を入れて混ぜ、2等分にし、おにぎりを2個にぎる。

豚肉の高菜漬け炒め

豚肉を炒めて和えるだけの時短メニュー!

材料と作り方(3〜4回分)
フライパンにごま油小さじ1を熱し、豚こま切れ肉150gを炒める。火が通ったら、塩・こしょう各少々をふり、高菜漬けのごま油炒め½カップ、酒・しょうゆ各小さじ2を加えて炒める。

作りおきもOK!　朝から10分

豚肉と高菜の旨味がクセになる

高菜明太和え

ごはんとよく合うから、おにぎりの具にしても

材料と作り方(4〜5回分)
1 明太子½腹は身をこそげ取る。
2 ボウルに高菜漬けのごま油炒め100g、1、ごま油小さじ1を入れ、混ぜる。

point
フライパンでごま油を熱し、炒め物にしてもおいしい。

作りおきもOK!　朝から10分

ついつい食べ過ぎてしまうあと引くおいしさ

えびミンチ バリエ

ぷりっとした食感が楽しめるえびミンチ。ミンチの粗さはお好みで調整してOK！
むきえびを使えば下ごしらえも簡単だから、ぜひ作りおきしてみてください。

材料 (作りやすい分量)

むきえび…500g

A 塩…小さじ⅔

こしょう…少々

卵白…1個分

薄口しょうゆ…小さじ1

片栗粉…大さじ3

酒…大さじ1

作り方

1 えびは包丁で叩く。

2 ボウルに1、Aを入れ、よく混ぜる。

point

包丁で叩かずに、フードプロセッサーでミンチにし、Aを加えて作ってもOK。

| 冷蔵 | 3〜4日 | 冷凍 | 3週間 |

えびミンチ アレンジおかず

えびと春雨のアジアン春巻き

お好みの香り野菜を入れて、アクセントを

ナンプラーを使って手軽にアジアン風！

材料と作り方(6個分)

1 春雨50gは熱湯で戻し、食べやすい長さに切る。きくらげ5gは水で戻し、細切りにする。三つ葉1束(パクチーや春菊などでもOK)は3cm幅に切る。

2 ボウルに1、えびミンチ100g、鶏ひき肉150g、ごま油・ナンプラー各小さじ2、砂糖小さじ½、塩・こしょう各少々、酒・片栗粉各小さじ1を入れて混ぜ、6等分にし、春巻きの皮6枚(あればミニサイズ)で包む。

3 180℃の揚げ油適量で3を色よく揚げる。

4 スイートチリソース適量を添える。

作りおきもOK! 夜仕込むとラク

枝豆の代わりに
グリーンピース
でもOK!

作りおきも
OK!

朝から
10分

えびと枝豆のレンジ蒸ししゅうまい

プリプリのえびしゅうまいも簡単に作れる

材料と作り方（8個分）

1 ボウルにえびミンチ150g、ゆで枝豆（鞘から出したもの）大さじ3、ごま油小さじ1を入れて混ぜ、8等分にし、しゅうまいの皮8枚で包む。
2 1を耐熱皿にのせ、水適量をさっとふり、ふんわりとラップをかけ、電子レンジで5分加熱する。

小さめに作って
お弁当に
詰めやすく

作りおきも
OK!

夜仕込む
とラク

えびカツ

はんぺんを使ってふわふわな仕上がりに

材料と作り方（4回分）

1 玉ねぎ¼個、にんじん¼本はみじん切りにする。
2 ボウルにえびミンチ150g、はんぺん1枚、1、グリーンピース大さじ3、片栗粉小さじ1をボウルに入れてよく混ぜ、小さめの小判形に丸める。
3 2に薄力粉・溶き卵・パン粉各適量の順に衣をつけて、180℃に熱した揚げ油適量で色よく揚げる。

えびミンチのなす挟み蒸し

えびの旨味がなすによく合う♪

材料と作り方（4回分）

1 なす2本は8mm幅の輪切りにし、断面に薄力粉適量をつけて、えびミンチ適量（各大さじ1くらい）をのせ、なすで挟む。
2 耐熱容器に1を並べ、酒小さじ2をふり、ふんわりとラップをかけ、電子レンジで5分加熱する。だししょうゆやポン酢しょうゆで食べる。

電子レンジを
使って作れる
お手軽レシピ

作りおきも
OK!

朝から
10分

えびのさつま揚げ

玉ねぎやコーンの甘味が引き立って美味

材料と作り方（4回分）

1 玉ねぎ¼個はみじん切りにする。
2 ボウルにえびミンチ200g、はんぺん1枚、1、汁けをきったコーン½缶（80g）、マヨネーズ・片栗粉各大さじ1、ごま油小さじ1を入れてよく混ぜる。
3 160〜170℃に熱した揚げ油適量に2をスプーンを使って丸めて落とし、ゆっくりと色よく揚げる。

表面はカリッ!
中はふわっと
箸が止まらない

作りおきも
OK!

朝から
10分

177

じゃがいも、かぼちゃ マッシュ バリエ

冷凍保存したものは、
冷蔵庫内で前日から自然解凍か、
電子レンジで解凍して使って。

じゃがいもマッシュ

材料（作りやすい分量） | 冷蔵 2〜3日 | 冷凍 2週間

じゃがいも…4個

作り方

1 じゃがいもは一口大に切り、水に5分ほどさらし、耐熱皿にのせる。ラップをして電子レンジで7分加熱し、熱いうちにつぶす。

かぼちゃマッシュ

材料（作りやすい分量） | 冷蔵 2〜3日 | 冷凍 2週間

かぼちゃ…¼個（450g）

作り方

1 かぼちゃは種とワタを大きめのスプーンなどでしっかり取り除き、蒸気が上がった蒸し器で竹串がすっと通る程度に15分ほど蒸し、蒸し上がったら、スプーンなどですくうように皮を取り除き、つぶす。

2 1の粗熱を取り、ほんのり熱いうちにジッパーつき保存袋に入れ、空気を抜いて密閉する。

＊電子レンジで加熱する場合はかぼちゃの種とワタを取り除き、皮をむいて一口大に切り、耐熱皿にのせる。ラップをして電子レンジで7分加熱する。

じゃがいも、かぼちゃマッシュアレンジおかず

かぼちゃとゆで卵のサラダ

卵を合わせて甘いかぼちゃもおかずに仕上げて

材料と作り方（4回分）

1 紫玉ねぎ⅛個は薄切りにし、長さを半分に切る。ゆで卵2個は手で食べやすい大きさに切る。

2 ボウルにかぼちゃマッシュ半量、1、マヨネーズ大さじ4、オリーブオイル大さじ1、塩小さじ⅛、こしょう少々を入れ、混ぜる。パセリ（みじん切り）適量を散らす。

パセリを
散らして
彩りアップ！

作りおきも
OK！

朝から
10分

噛み応えと
腹持ちのよさが
うれしい一品

作りおきも
OK!

朝から
10分

もちもち焼きポテト

もっちり食感とチーズの風味がたまらない！

材料と作り方（4回分）

1 ボウルにじゃがいもマッシュ半量、バター15g、牛乳大さじ3、粉チーズ大さじ2、片栗粉大さじ2、塩小さじ⅛を入れて混ぜ、小さく平たく丸め、片栗粉適量をまぶす。

2 フライパンにオリーブオイル大さじ2〜3を弱めの中火で熱し、1を入れて両面おいしそうな焼き色がつくまで焼く。

くるみの
コクと食感が
アクセント

作りおきも
OK!

朝から
10分

かぼちゃとレーズンと
くるみのサラダ

がぼちゃとレーズンの甘い組み合わせは絶品！

材料と作り方（4回分）

1 くるみ（炒ったもの）30gは粗く刻む。

2 ボウルに、かぼちゃマッシュ半量、レーズン20g、マヨネーズ大さじ3、プレーンヨーグルト大さじ1〜2、塩・こしょう各少々を入れて混ぜ、1を加えて混ぜる。

マッシュポテト

生クリームを加えてシンプルだけどコクはバッチリ

材料と作り方（4回分）

1 鍋にじゃがいもマッシュ半量、生クリーム50ml、バター25g、塩小さじ½、こしょう適量（好みで多めに）を入れて混ぜ、木べらで焦がさないように混ぜながらポテッとするまで弱火にかける。粗びき黒こしょう少々をふる。

肉料理の
添え野菜として
作っても◎

作りおきも
OK!

朝から
10分

あんかけいももち

とろりとした甘辛ダレをたっぷりかけて！

材料と作り方（4回分）

1 ボウルにじゃがいもマッシュ半量、牛乳大さじ2〜3（様子を見ながら）、片栗粉大さじ5、塩小さじ¼を入れて混ぜ、小さく丸める。

2 小鍋にしょうゆ・みりん・砂糖各大さじ1、片栗粉大さじ½、水⅓カップを入れて中火にかけ、煮立ったらよく混ぜ、とろみがついたら火を止める。

3 フライパンに植物油大さじ1を中火で熱し、1を並べ、こんがりと色づくまで2分ほど焼く。裏返して蓋をし、弱火で7分ほど蒸し焼きにする。2を加え、絡める。

おかずにも
おやつにも
ピッタリ♪

作りおきも
OK!

夜仕込む
とラク

作りおき 7 ごま和えの素 バリエ

お弁当に入っているとなんだかほっこりする、ごま和えのおかず。和え衣を作りおき
しておけば、好きなときに食べられます。葉野菜だけでなく、肉と和えてもおいしいです。

材料 (作りやすい分量)

白すりごま…大さじ3
みそ…大さじ1
しょうゆ…小さじ1
砂糖…小さじ2

作り方

全ての材料を混ぜ合わせる。

| 冷蔵 | 4〜5日 | 冷凍 | 2週間 |

ごま和えの素 アレンジおかず

しいたけから
ジュワっと
旨味が染み出る

三つ葉、にんじん、ツナの
ごま和え

ごまに加え、ツナのコクもプラスしてこってり美味

〜〜〜 材料と作り方(2〜3回分)

1 三つ葉1束は3cm幅に切る。にんじん¼本(50g)は半分の
　長さに切り、細切りにする。しいたけ2個は軸を切り落と
　し、薄切りにする。ツナ缶小1缶は油または水けをきる。
2 耐熱容器ににんじん、しいたけ、三つ葉を順に入れ、ふん
　わりとラップをし、電子レンジで20秒加熱する。
3 2にごま和えの素大さじ2、ツナを加え、和える。

作りおきも
OK!

朝から
10分

栄養豊富な
アーモンドが
アクセント

作りおきも
OK!

朝から
10分

ほうれん草とアーモンドの
ごま和え

ごま和えの定番食材ほうれん草を使って!

材料と作り方(2〜3回分)
1 ほうれん草1束はさっと塩ゆでして冷水にさらし、水けを
きり、3cm幅に切る。アーモンド(炒ったもの)40gは粗
く刻む。
2 ボウルに1、ごま和えの素大さじ2½を入れ、和える。

ちくわと春菊のごま和え

春菊の苦味とごまのマイルドさがマッチ!

材料と作り方(2〜3回分)
1 ちくわ小2本は3等分の長さに切り、細切りにする。春菊
½束はさっと塩ゆでして冷水にさらし、水けをきり、3cm
幅に切る。
2 ボウルに1、ごま和えの素大さじ2を入れ、和える。

ちくわも
旨味たっぷり!
食感も◎

作りおきも
OK!

朝から
10分

れんこんの
シャキシャキ食感が
クセになる

作りおきも
OK!

朝から
10分

れんこんといんげんと
焼き油揚げのごま和え

いんげんとみその組み合わせがぴったり!

材料と作り方(2〜3回分)
1 れんこん小1節はいちょう切りにし、5分ほど酢水にさら
してから、さっとゆでる。さやいんげん8本は筋を取り除
いて塩ゆでし、冷水にさらし、水けをきり、斜め切りにす
る。油揚げ1枚は長さを半分に切り、8mm幅の細切りにし、
フライパンで乾炒りする。
2 ボウルに1、ごま和えの素大さじ2½を入れ、和える。

豚しゃぶとルッコラのごま和え

ルッコラの風味とごまのコクで満足感のある一品

材料と作り方(2〜3回分)
1 豚しゃぶしゃぶ用肉100gは食べやすく切り、酒適量を入
れた熱湯でゆで、冷まします。ルッコラ1束はさっと塩ゆでし
て冷水にさらし、水けをきり、3cm幅に切る。
2 ボウルに1、ごま和えの素大さじ2、ごま油小さじ1を入れ、
和える。

薄切り肉だから
さっと火が
通って時短に!

作りおきも
OK!

朝から
10分

作りおき⑧ 白和えの素 バリエ

やさしい甘さが疲れた体に染み渡り、ほっとする味わいです。野菜はもちろん、
ドライフルーツやナッツなどと合わせてもおいしいから、ぜひ試してみて。

材料（作りやすい分量）

絹ごし豆腐…1丁

A 砂糖…大さじ1½

　塩…小さじ1

　酢…小さじ2

　白ごまペースト…大さじ2

作り方

1 豆腐は水きりしておく。

2 フードプロセッサーに1を入れて撹拌してなめらかにし、Aを加えて撹拌する。フードプロセッサーの代わりにすり鉢を使ってもOK。

| 冷蔵 | 3〜4日 | 冷凍 | 2週間 |

白和えの素 アレンジおかず

> 白和えには
> 枝豆やにんじんの
> 彩りが映える!

枝豆とにんじん、きくらげ、ちくわの白和え

食感を楽しむ食材を組み合わせたサラダ

作りおきも OK! / 夜仕込むとラク

材料と作り方（2〜3回分）

1 にんじん¼本は半分の長さに切って細切りにし、ちくわ2本は輪切りにする。きくらげ5gは水で戻し、細切りにする。

2 鍋にゆで枝豆（鞘から出したもの）½カップ、1、糸こんにゃく80g、和風だし汁½カップ、砂糖・薄口しょうゆ各小さじ2を入れて火にかけ、にんじんがやわらかくなるまで煮る。

3 2の水けをきり、白和えの素大さじ2と和える。

> 噛むほどに
> 味わいが出る
> くるみが◎

ドライいちじくとくるみの白和え

ドライフルーツの甘味が和え衣とよく合う

作りおきも OK! / 朝から 10分

材料と作り方（2〜3回分）

1 ドライいちじく50gは細かく刻む。

2 ボウルに1、くるみ（炒ったもの）30g、白和えの素大さじ2を入れ、和える。

182

作りおき❾ 梅がつお バリエ

梅干しの酸味とかつお節の風味がよく合い、あとを引くおかずに。
ごはんとの相性も抜群ですが、野菜や肉などと合わせるのもおすすめです。

材料（作りやすい分量）

梅干し… 大4個(60g)

かつお節… 1パック(2.5g)

みりん…大さじ1

薄口しょうゆ…小さじ1

作り方

1 梅干しは種を取り除き、叩く。

2 ボウルに**1**、かつお節、みりん、薄口しょうゆを入れ、
よく混ぜる。

| 冷蔵 | 1週間 | 冷凍 | 2週間 |

梅がつお アレンジおかず

緑色の副菜で
お弁当を
パッと明るく！

作りおきも
OK！　朝から
10分

いんげんと白ごまの梅がつお和え

ゆでたいんげんと叩いた梅がよく絡んでおいしい

材料と作り方（2〜3回分）

1 さやいんげん16本は筋を取り除いて塩ゆでし、冷水にさ
らし、水けをきり、斜め切りにする。

2 ボウルに**1**、白炒りごま小さじ2、梅がつお大さじ1を入れ、
和える。

梅の酸味が
疲れたからだに
染み渡る

作りおきも
OK！　朝から
10分

梅おかかおにぎり

かつお節のだしがごはんになじんで美味

材料と作り方（2個分）

1 ボウルに温かいごはん茶碗軽く2杯分、梅がつお大さじ1
を入れ、混ぜる。

2 **1**を2等分にし、おにぎりを2個にぎる。

作りおき⑩ しょうゆ麹 バリエ

こうじ

食材の旨味をアップさせてくれるしょうゆ麹。一回作っておくと、保存がきくのもうれしい
ポイント。シンプルに和えたり、絡めて焼くだけでも、満足感のある一品に仕上がります。

材料 (作りやすい分量)

麹…150g　　　　　しょうゆ…150㎖＋150㎖

作り方

1 清潔な容器に麹、しょうゆ150㎖を入れて混ぜ、常温におく。
2 翌日、1にしょうゆ150㎖を加え、混ぜる。常温におき、1日1回混ぜ、米麹が水分を吸ったようにふっくらしてとろみが出て、しょうゆと一体になっているような状態になったら完成 (1週間〜寒い時期は2週間ほどかかる)。完成したら冷蔵庫で保存する。

| 冷蔵 | 3ヵ月 | 冷凍 | NG |

しょうゆ麹 アレンジおかず

作りおきも OK!　朝から 10分

きゅうりのしょうゆ麹和え

麹の旨味とポリポリ食感でお箸が止まらない

材料と作り方 (2〜3回分)
1 きゅうり1本は皮をしましまにむき、乱切りにする。
2 ボウルに1、しょうゆ麹大さじ2を入れ、和える。

作りおきも OK!　朝から 10分

かじきのしょうゆ麹焼き

漬けておくだけで、しっとりおいしい一品に

材料と作り方 (2回分)
1 めかじき (切り身) 1切れは一口大に切り、しょうゆ麹大さじ2を絡める (すぐ焼いてもOK)。
2 1のしょうゆ麹を手で取り除き、魚焼きグリルで焼く。

作りおき⑪ ごまみそマヨ バリエ

すりごまとみそ、マヨネーズでまろやかな味わいのタレは、淡白な食材との相性もバッチリ。
マヨネーズが入っているから、子どもにも喜ばれるおかずが作れます。

材料（作りやすい分量）
白すりごま・みそ・マヨネーズ…各60g
はちみつ・みりん…各小さじ2

作り方
全ての材料を混ぜ合わせる。

| 冷蔵 | 4〜5日 | 冷凍 | NG |

ごまみそマヨ アレンジおかず

さつま揚げと三つ葉の ごまみそマヨ和え

 作りおきもOK! 朝から10分

さっぱりとした三つ葉とコク深いごまみそマヨが◎

材料と作り方（2〜3回分）
1 さつま揚げ1個は1cm角に切る。三つ葉1束はさっと塩ゆでして冷水にさらし、水けをきり、3cm幅に切る。
2 ボウルに1、ごまみそマヨ大さじ2を入れ、和える。

白菜のごまみそマヨサラダ

朝から10分

ごまみそマヨで無限白菜の完成！

材料と作り方（2〜3回分）
1 白菜⅙個はさっと塩ゆでし、しっかりと水けをきり、食べやすい大きさに切る。
2 ボウルに1、ごまみそマヨ大さじ3を入れ、和える。

市販の食材&
調味料を使ったおかず

あると便利！　常備しておくとラク！

ツナ を常備

コクのある味わいの油漬けと、あっさりとした水煮があります。ブロックタイプ、フレークタイプなどの形状の違いもあり、好みや用途に合わせて選んで。

冷凍枝豆を
使えば
簡単に作れる

枝豆とツナの塩昆布和え
ツナの旨味と塩昆布の塩けの相性抜群

材料と作り方（作りやすい分量）
1　ツナ缶小1缶は油または水けをきる。
2　ボウルに1、ゆで枝豆（鞘から出したもの）60g、塩昆布7g、オリーブオイル小さじ2を入れ、和える。

作りおきも
OK！
朝から
10分

噛むほど
くるみのコクが
広がる

春菊とツナとくるみの和え物
ツナとくるみで春菊の苦味がマイルドに

材料と作り方（2〜3回分）
1　ツナ缶小1缶は油または水けをきる。春菊½束はさっと塩ゆでして冷水にさらし、水けをきり、3cm幅に切る。
2　ボウルに1、くるみ（炒ったもの）30g、オリーブオイル小さじ2、しょうゆ小さじ1を入れ、和える。

作りおきも
OK！
朝から
10分

ゴーヤとたくあんの 和風ツナマヨ和え
歯応えが楽しい食材とマヨネーズを絡めて

しょうゆが 入っているから ごはんに合う!

材料と作り方（2〜3回分）
1 ツナ缶小1缶は油または水けをきる。ゴーヤ½本は種とワタをしっかり取り除き、薄切りにして塩揉みし、冷水にさらして水けをしっかりきる。たくあん（2㎜幅のスライス）3枚は細切りにする。
2 ボウルに1、かつお節1パック（2.5g）、マヨネーズ大さじ2、しょうゆ小さじ2を入れ、和える。

作りおきも OK!　朝から 10分

噛むたびに 甘辛い味が 染み出て美味

えのきとツナの甘辛煮
しっかり味で、ごはんのお供にピッタリ!

材料と作り方（2〜3回分）
1 ツナ缶大1缶（140g）は油または水けをきる。えのき1袋（200g）は下の部分を切り落とし、1㎝幅に切る。
2 小鍋に1、みりん50㎖、しょうゆ大さじ3を入れて火にかけ、沸騰したら弱火にし、水分がなくなり、とろみがつくまで煮詰める。

作りおきも OK!　朝から 10分

さっぱりとした みょうがに こってり味が◎

みょうがとツナのサラダ
シャキッとしたみょうががアクセント

材料と作り方（2〜3回分）
1 ツナ缶小1缶は油または水けをきる。みょうが2本は輪切りにし、冷水にさらして水けをきる。
2 ボウルに1、マヨネーズ大さじ1、しょうゆ小さじ2を入れ、和える。

作りおきも OK!　朝から 10分

ちりめんじゃこ を常備

丸ごと食べられるちりめんじゃこは、カルシウムとビタミンDが豊富！塩ゆでして作られているから、塩味があり、味つけの役割も。

青唐辛子で
ピリッと辛味を
効かせて！

ちりめんじゃことアーモンドのピリ甘辛炒め

カルシウムたっぷり！ごはんにかけて召し上がれ

材料と作り方（4〜5回分）
1 アーモンド20gは粗く刻む。青唐辛子1本は輪切りにする。
2 フライパンにごま油小さじ1を熱し、ちりめんじゃこ30g、青唐辛子を入れて炒める。香りが立ってきたら、アーモンドを加えて炒め、油がまわったらしょうゆ・砂糖各小さじ1、塩少々を加え、弱めの中火で汁けがなくなるまで炒める。

作りおきも
OK！

朝から
10分

食欲が
ないときでも
食べやすい！

枝豆とみょうがとちりめんじゃこ和え

みょうがの風味がアクセント！

材料と作り方（4〜5回分）
1 みょうが1本は薄い輪切りにする。
2 ボウルにちりめんじゃこ30g、ゆで枝豆（鞘から出したもの）50g、1、オリーブオイル大さじ1を入れ、和える。

作りおきも
OK！

朝から
10分

ごまの
プチプチ感と
香ばしさが◎

菜っ葉とじゃこのごまナムル
ごま油の香りが食欲をかきたてる

材料と作り方(4〜5回分)
1 菜っ葉(大根の葉1本分またはかぶの葉3個分)は、塩ゆでして冷水にさらし、よく水けをきり、細かく刻む。
2 ボウルに1、ちりめんじゃこ15g、ごま油小さじ2、塩少々、白炒りごま大さじ1を順に入れ、和える。

じゃこと昆布で
ちょうどよい
塩加減に!

作りおきも
OK!

朝から
10分

じゃこと
塩昆布チーズのおにぎり
コロコロのチーズで風味と食感をプラス

材料と作り方(2個分)
1 プロセスチーズ30gは8mm角に切る。
2 ボウルに温かいごはん茶碗2杯分、ちりめんじゃこ20g、塩昆布7g、1を入れ、さっと混ぜる。
3 2を2等分にし、おにぎりを2個にぎる。

作りおきも
OK!

朝から
10分

電子レンジで
クタッとさせて
食べやすく

キャベツとじゃこの梅和え
さっぱり梅味で無限に食べられる!

材料と作り方(4〜5回分)
1 キャベツ1/8個は小さめのざく切りにし、耐熱容器に入れ、ふんわりとラップをして電子レンジで50秒加熱し、水けをよくきる。
2 ボウルに1、ちりめんじゃこ10g、梅干し(種を取り除き叩いたもの)大さじ1、オリーブオイル大さじ1を入れ、和える。

朝から
10分

きくらげ を常備

コリコリとした食感が楽しめるきくらげ。
生のものも流通していますが、
乾燥きくらげなら保存期間は
1年前後と長く、常備に便利です。

コリコリとした
きくらげを
シンプルに味わって

きくらげの中華和え

きくらげの食感とピリ辛味があとを引く

～～～～～～～～～～～～

材料と作り方（4〜5回分）

1 きくらげ20gは水で戻し、水けをきる。大きければ半分に
切る。

2 ボウルに1、混ぜ合わせたごま油・しょうゆ・酢各小さじ2、
鶏がらスープの素小さじ¼、赤唐辛子（小口切り）½本分、
白炒りごま小さじ1を入れ、和える。

作りおきも OK! 夜仕込むとラク

しょうがの
風味で味が
引き締まる！

きくらげの五目煮

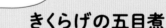

たっぷりの白菜とふんわり卵で食べ応え満点

～～～～～～～～～～～～

材料と作り方（2〜3回分）

1 白菜⅛個はやわらかい部分とかたい部分に分け、食べやす
い大きさに切る。きくらげ5gは水で戻して水けをきり、
大きければ半分に切る。むきえび8尾は背ワタを取り除く。
しょうが（スライス）4枚はせん切りにする。

2 フライパンにごま油大さじ1を熱し、しょうが、白菜のか
たい部分を入れて炒め、きくらげ、えびを加えて炒める。
えびの色が変わったら、水100㎖、酒50㎖、しょうゆ大
さじ1、砂糖2つまみ、鶏がらスープの素小さじ½を加え、
白菜がとろんとするまで煮込む。白菜のやわらかい部分を
加え、水溶き片栗粉（片栗粉大さじ½＋水大さじ½強）を
加えてとろみをつけ、溶き卵1個分を流し入れ、ふんわり
混ぜる。

作りおきも OK! 夜仕込むとラク

冷凍枝豆 を常備

鮮度が重要な枝豆は、収穫後すぐに
冷凍されている冷凍食品なら、
おいしさも栄養も逃さずに食べられます。
自然解凍してもOK。

韓国風の
コチュジャンダレが
たまらない!

たこと枝豆のチヂミ

噛むたびにたこの旨味を堪能!

材料と作り方(2〜3回分)
1 ゆでだこ(足)1本は3mm幅に切る。
2 ボウルに卵1個、水200ml、塩少々を入れてよく混ぜ、薄
　力粉120g、片栗粉大さじ2を振るいながら入れ、混ぜる。1、
　解凍した冷凍枝豆(さやから出したもの)½カップを加え、
　混ぜる。
3 フライパンにごま油小さじ1を熱し、2を6等分ずつ流し
　入れ、両面焼く。好みで食べやすく切る。
4 3に糸唐辛子適量をのせ、混ぜ合わせたしょうゆ大さじ2、
　コチュジャン・酢・砂糖各小さじ1を添える。

作りおきも
OK!

えびを使うと
手軽に
彩りアップ

枝豆とえびのかき揚げ

サクッと揚げて、枝豆の甘味が広がる!

材料と作り方(2回分)
1 むきえび8尾は背ワタを取り除く。
2 ボウルに片栗粉大さじ2、解凍した冷
　凍枝豆(さやから出したもの)50g、1
　を入れ、混ぜる。片栗粉が絡まなかっ
　たら、水を少量加えて混ぜる。
3 揚げ油適量を180℃に熱し、2を小さ
　く揚げる。

作りおきも
OK!

朝から
10分

point

冷凍枝豆以外にも、そら豆やとうもろこし、アスパラガスなど
の冷凍野菜を常備して、アレンジしてもOK。

塩昆布 を常備

昆布を塩やしょうゆで煮詰めた旨味
たっぷりの塩昆布。そのまま食べられるので、
和え物やサラダ、おにぎりに混ぜたり、
だしとしても使えます。

ちくわは
旨味たっぷりの
便利食材!

ブロッコリーとちくわの
塩昆布サラダ

マヨ味で子どもも大人もよろこぶ一品

材料と作り方(2〜3回分)

1 ブロッコリー⅓株は食べやすい大きさ
に切り、塩ゆでし、冷ます。ちくわ小
2本は輪切りにする。

2 ボウルに水けをよくきったブロッコ
リー、ちくわ、塩昆布大さじ1、マヨ
ネーズ大さじ2を入れ、和える。

作りおきも
OK!

朝から
10分

塩昆布と
オリーブオイルの
相性◎

きゅうりとミニトマトと
ツナの塩昆布和え

さっぱりとする野菜の組み合わせに
塩昆布で味つけ

材料と作り方(2〜3回分)

1 きゅうり1本は小さめの乱切りにする。
ミニトマト3個は半分に切る。ツナ缶
小1缶は油または水けをきる。

2 ボウルに1、塩昆布・オリーブオイル
各大さじ1、白炒りごま小さじ1を入
れ、和える。

作りおきも
OK!

朝から
10分

たらこ を常備

たらこは冷蔵はもちろん、冷凍で保存もできるうえ、簡単に味が決まり、彩りを加えられるので常備しておくのがおすすめです。冷凍したものは、冷蔵庫に一晩おいて解凍できます。

お好みで
黒こしょうを
たっぷりきかせて

えびのたらこ
マヨネーズ

こってりとした、たらこマヨが絶品!

材料と作り方(4回分)
1 たらこ¼腹は身をこそげ取る。
2 ボウルにゆでむきえび8尾、1、マヨネーズ大さじ1½、粗びき黒こしょう少々を入れ、和える。

point

えびの代わりにゆでたじゃがいもやアスパラガス、ブロッコリーやカリフラワーなどの野菜にマヨネーズと合わせてもおいしいです。

作りおきも
OK!

朝から
10分

お好みの
魚介や野菜で
アレンジしても

ほたてのたらこ炒め

噛むほど旨味が染み出るほたてにプチプチ食感をプラス

材料と作り方(4回分)
1 たらこ¼腹は身をこそげ取る。
2 フライパンにごま油小さじ1を熱し、ほたて貝柱8個、1、酒・薄口しょうゆ各小さじ1を入れ、たらこがポロポロになるまで炒める。

作りおきも
OK!

朝から
10分

たくあん を常備

大根をぬか床で漬けたたくあんは、
ポリポリとした食感が楽しめます。
和え物にしたり、小さく刻んでごはんに
混ぜるなど、使い方もいろいろ！

> ほんのり甘い
> たくあんで
> ほっとする味

ちくわとたくあん、青じそのマヨ和え

細切りにしたたくあんの
噛み応えで満足度アップ

材料と作り方（2〜3回分）

1 たくあん（3mm幅のスライス）3枚は細
　切りにする。ちくわ2本は斜め切りに
　する。青じそ2枚は長さを半分に切り、
　せん切りにする。
2 ボウルに1、マヨネーズ大さじ2を入
　れ、和える。

作りおきも OK! 朝から 10分

> 噛むたびに
> ポリポリッと
> 楽しい食感

ねぎとたくあんの卵焼き

たくあんの塩けで、味つけなしでもおいしい

材料と作り方（2回分）

1 たくあん（2mm幅のスライス）3枚は細
　切りにする。万能ねぎ2本は小口切り
　にする。
2 ボウルに卵2個を溶き、1、酒小さじ
　1を加えて混ぜる。
3 フライパンにごま油小さじ2を熱し、
　2を流し入れ、ふんわりと丸く焼く。

作りおきも OK! 朝から 10分

ザーサイ を常備

中国の漬け物のザーサイは、混ぜるだけで簡単に中華風のおかずが作れます。塩けがあるから味が決まりやすいのもうれしいポイント。

ごはんはもちろん、冷奴などのトッピングにも

ねぎザーサイ

箸が止まらない！ おつまみにも食べたい一品

材料と作り方（4〜5回分）

1 長ねぎ¼本は3等分の長さに切ってから白髪ねぎにし、水にさらす。ザーサイ50gは細切りにする。

2 ボウルに水けをきった白髪ねぎ、ザーサイ、ごま油・白炒りごま各小さじ1、ラー油適量、しょうゆ小さじ½、塩少々を入れ、和える。

作りおきもOK！ 朝から10分

ピーナッツが味と食感のアクセントに

もやしとザーサイ、きゅうりの中華和え

淡泊な味のもやしをやみつきメニューに

材料と作り方（4〜5回分）

1 豆もやし½袋はさっと塩ゆでして冷まし、水けをきる。きゅうり⅓本は細切りにし、塩少々で揉んで水けをきる。ザーサイ35gは細切りにする。ピーナッツ10gは粗く刻む。

2 ボウルに1、ごま油小さじ2、だししょうゆ小さじ1、塩・こしょう各少々を入れ、和える。

作りおきもOK！ 朝から10分

195

梅干し を常備

殺菌効果も期待できる梅干しは、
お弁当にぴったり。おにぎりの具以外にも
肉と和えるなど、使い方もいろいろ。
市販のチューブタイプも便利です。

point

種を取り除いて、包丁で叩く
手間が面倒な人は、市販の
梅肉チューブもおすすめ。お
にぎりや手巻き寿司はもちろ
ん、ゆでたささみなどと和えて
もおいしいです。

豚肉で
疲労を回復！
暑い夏にも◎

梅豚しゃぶ
青じそとみょうがの薬味でさっぱり！

材料と作り方(2回分)

1 豚しゃぶしゃぶ用肉100gは、酒を少
量加えた熱湯でゆで、冷ます。
2 万能ねぎ1本は小口切りにする。青じ
そ3枚は半分の長さに切り、細切りに
する。みょうが1本は斜め薄切りにす
る。
3 ボウルに1、2、梅干し(種を取り除い
て叩いたもの)大さじ1、オリーブオ
イル大さじ1を入れ、和える。

作りおきも
OK！

朝から
10分

お弁当に
かわいらしい
ピンク色のおかず

かまぼこの梅しそ挟み
切って挟むだけで超簡単の時短レシピ♪

材料と作り方(1回分)

1 かまぼこ(8mm幅に切ったもの) 3枚は、
真ん中に切り目を入れる。
2 青じそ1枚は縦3等分に切る。梅干し
適量は種を取り除いて叩く。
3 1の切り目に2を詰める。

朝から
10分

春雨 を常備

スープやサラダ、炒め物など、世界各国の料理に使える春雨。緑豆やじゃがいもなど原料によって食感が変わるので、料理に合わせて使い分けて。

しっかり食感のデンプン春雨で大満足な一品

チャプチェ

牛肉やしいたけの旨味が染み込んで美味

材料と作り方(2回分)

1 でんぷん春雨50gは熱湯で戻し、半分長さに切る。にんじん¼本は細切りにする。しいたけ2枚は軸を切り落とし、薄切りにする。万能ねぎ⅓束は小口切りにする。ボウルに卵1個を溶き、塩・砂糖各2つまみを入れて混ぜる。

2 フライパンに植物油小さじ2を熱し、1の卵液を流し入れてさっと炒め、取り出す。

3 フライパンにごま油大さじ1を熱し、にんじん、しいたけを入れて炒め、油がまわったら塩2つまみを加えて混ぜ、牛こま切れ肉100g、春雨を加えて炒める。肉の色が変わったら、しょうゆ・コチュジャン各大さじ1½、酒50㎖、砂糖小さじ2を加えて炒め、2を戻し入れ、万能ねぎを加え、水分がなくなるまで炒める。白炒りごま適量をふる。

作りおきもOK! 夜仕込むとラク

甘酸っぱいドレッシングがやみつきに

ヤムウンセン

タイ料理の定番サラダもお弁当で楽しめる!

材料と作り方(2回分)

1 緑豆春雨30gはたっぷりの熱湯に5分ほど浸して戻し、冷水でよく洗い、食べやすい長さに切り、水けをよくきる。豚バラ薄切り肉60gは食べやすい大きさに切り、塩・酒各適量を加えた熱湯でゆで、冷ます。むきえび6尾は背ワタを取り除き、塩・酒各適量を加えた熱湯でさっとゆで、冷ます。紫玉ねぎ⅙個は薄切りにする。ピーナッツ30g、パクチー適量は粗く刻む。

2 ボウルに1を入れて混ぜ、お弁当箱に詰める。

3 別の容器にエスニックドレッシング適量(大さじ3くらい)を入れて持って行き、食べるときに和える。

> エスニックドレッシングの
> 材料と作り方(作りやすい分量)
> スイートチリソース・レモン汁各½カップ、ナンプラー・植物油各大さじ3を混ぜ合わせる。

作りおきもOK!

切り干し大根 を常備

大根を干すことで、栄養と旨味をギュッと凝縮した食品。煮物で使われることが多いですが、水で戻したらサラダや和え物としてもおすすめです。

たっぷり作って常備菜にするのもおすすめ

切り干し大根の煮物

くたくたになるまで煮るとおいしい!

材料と作り方(4~5回分)

1 切り干し大根20gは水でさっと洗い、たっぷりの水に20分ほど浸けて戻し、水けをよくきる。にんじん⅓本は細切りにする。油揚げ1枚は半分の長さに切り、細切りにする。

2 鍋に植物油小さじ1を熱し、にんじん、切り干し大根を入れて炒め、にんじんに油が回ったら、油揚げ、和風だし汁150㎖、酒・みりん各大さじ1、しょうゆ大さじ1½、砂糖大さじ1を加え、沸騰したら落とし蓋をし、弱火で15分ほど煮る。

作りおきもOK! 夜仕込むとラク

きくらげのコリッとした食感が◎

切り干し大根のなます

噛むたびじゅわっと染み出る旨味がたまらない

材料と作り方(4~5回分)

1 切り干し大根20gは水でさっと洗い、たっぷりの水に20分ほど浸して戻し、水けをよくきる。にんじん⅓本は半分の長さに切ってせん切りにし、ボウルに入れて塩2つまみで揉み、5分ほどおいて、水けを絞る。きくらげ5gは水で戻し、細切りにする。

2 ボウルに米酢大さじ3、塩2つまみ、砂糖・しょうゆ小さじ2を入れて砂糖を溶かすように混ぜ、1を加えてさっと和える。ごま油・白炒りごま各大さじ1を加え、和える。

作りおきもOK! 夜仕込むとラク

ハーブ塩 を常備

ひとふりでぐっと深みを与えてくれる
ハーブ塩。ハーブの組み合わせなど、
それぞれの商品で違いがあるので、
お好みのものを探してみて。

イタリアン粉ふきいも
オリーブオイルとハーブ塩のみでも絶品に!

> ハーブ塩の
> 種類を変えるだけでも
> アレンジ自在!

材料と作り方(2回分)

1 じゃがいも2個は4等分に切り、5分ほど水にさらす。

2 小鍋に1、水適量を入れて火にかけ、竹串がすっと通る程度になるまでゆでる。

3 2の湯を捨て、中火にかけ、水分を飛ばすように鍋をゆすって粉をふかせ、オリーブオイル大さじ2、ハーブ塩適量をまぶす。

作りおきも OK!

> 揉み込んで
> 味をしっかり
> なじませて

ハーブポークソテー
塩が肉の旨味を引き立てる!

材料と作り方(3回分)

1 豚肩ロースかたまり肉100gは食べやすい大きさに切る。

2 ポリ袋に1、オリーブオイル大さじ1、ハーブ塩小さじ½を入れ、よく揉み込む。

3 フライパンに2を入れ、弱めの中火にかけ、両面においしそうな焼き色がつくまで焼いたら弱火にし、さらに5分ほどじっくり焼く。

point

鶏肉や魚介類のソテーの味つけにもピッタリです。焼くだけなのにおいしく仕上がるから、忙しい朝に大活躍!

作りおきも OK!

朝から 10分

スイートチリソース を常備

タイ・ベトナム料理でよく使われ、エスニック風に仕上げたいときに◎。唐辛子や砂糖、酢などが入っているので、甘辛く、酸味もきいています。

> ふわっと揚がったえびにタレがよく絡む

えびマヨ

スイートチリソースの甘味とマヨネーズのコクがマッチ

材料と作り方(2回分)

1 むきえび10尾は塩2つまみ、こしょう少々、卵白½個分を揉み込み、片栗粉大さじ1½をまぶし、油揚げ適量で揚げる(または揚げ焼きにする)。
2 ボウルに1、マヨネーズ大さじ1、スイートチリソース小さじ2を入れて和え、ピンクペッパー・パセリ(みじん切り)各適量を散らす。

作りおきもOK! / 朝から10分

> 揚げて絡めるだけの簡単メニュー

揚げ手羽中のチリソース絡め

しっかり味でやみつきに!
ビールのお供にも◎

材料と作り方(3〜4回分)

1 鶏手羽中12本に塩3つまみ、こしょう少々をまぶす。
2 片栗粉大さじ1、薄力粉大さじ2を混ぜ、1にまぶし、180℃に熱した揚げ油適量で揚げる。揚げたてにスイートチリソース大さじ2を絡める。

作りおきもOK! / 朝から10分

すき焼きのタレ を常備

しょうゆや砂糖、だしなどが入っていて、簡単に味つけができるので時短に。冷蔵庫で余りがちですが、さまざまな和風料理で使えて便利です。

よく味が染み込んでほっとする！

牛肉豆腐
牛肉を2回に分けて入れるのがポイント

材料と作り方（2回分）

1 焼き豆腐1丁は6等分に切る。玉ねぎ¼個は半分に切り、薄切りにする。糸こんにゃく70gは食べやすい長さに切る。

2 鍋にすき焼きのタレ100㎖、1、牛こま切れ肉50gを入れて強火にかけ、煮立ったら弱めの中火にし、水分を飛ばすように煮込む。

3 1の豆腐に味が染みてきたら、牛こま切れ肉50g、すき焼きのタレ50㎖を加えて5分ほど煮込む。長ねぎ1㎝を薄い小口切りにし、のせる。

作りおきもOK！　朝から10分

牛肉と玉ねぎの卵とじ焼うどん

味つけはタレだけだから失敗知らず

卵がよく合う！
甘辛い味つけですき焼き風に

材料と作り方（1回分）

1 玉ねぎ½個は3mm幅の薄切りにし、万能ねぎ2本は小口切りにする。うどん1玉は、ゆでて（または電子レンジ加熱できるものはして）温めておく。

2 フライパンに牛脂1.5㎝角（なければ植物油小さじ1）を熱し、脂が出てきたら、牛こま切れ肉100g、玉ねぎを入れて炒め、火が通ったらうどん、すき焼きのタレ50㎖を加えて炒める。溶き卵1個分を加えて絡め、万能ねぎを散らす。

作りおきもOK！　朝から10分

INDEX

レシピ作成・調理・スタイリング
平岡淳子 (ひらおかじゅんこ)

フードコーディネーター。東京下町暮らし。お米マイスター、野菜ソムリエとしても活躍。雑誌や書籍、Webサイトでレシピの提案、調理、スタイリングをおこなっている。また、主催している料理教室では、日本ならではの四季を感じながら、旬の食材をふんだんに使った「作りやすいおうちごはん」にこだわって、ジャンルにこだわらないシンプルでおいしいレシピを提案している。著書に『決定版！朝つめるだけで簡単！作りおきのラクうま弁当350』、『ふだんのごはんも、ちょっといい日のごちそうも毎日のおかず教室』、『決定版！毎日食べたい！作りおきのラクうま野菜おかず350』（全てナツメ社）などがある。

Instagram
平岡淳子毎日のおかず教室 (@hiraokajunko)

Staff

撮影	田中宏幸
デザイン	矢﨑進　森尻夏実　磯崎優 (大空出版)
イラスト	高旗将雄
調理アシスタント	母・由美子
編集協力／執筆協力	丸山みき (SORA企画)
編集アシスタント	岩本明子　樫村悠香 (SORA企画)
編集担当	齋藤友里 (ナツメ出版企画)

ナツメ社Webサイト
https://www.natsume.co.jp
書籍の最新情報(正誤情報を含む)は
ナツメ社Webサイトをご覧ください。

決定版！朝、頑張らなくてもおいしい！ラクうま弁当バリエーション350

2021年2月8日　初版発行

著　者	**平岡淳子**	©Hiraoka Junko, 2021
発行者	**田村正隆**	

発行所　**株式会社ナツメ社**
　　　　東京都千代田区神田神保町1-52　ナツメ社ビル1F (〒101-0051)
　　　　電話 03-3291-1257 (代表)　FAX 03-3291-5761
　　　　振替 00130-1-58661

制　作　**ナツメ出版企画株式会社**
　　　　東京都千代田区神田神保町1-52　ナツメ社ビル3F (〒101-0051)
　　　　電話 03-3295-3921 (代表)

印刷所　**図書印刷株式会社**

ISBN978-4-8163-6950-6　　　　　　　　　　　　　　　Printed in Japan